D1674793

dgv

Kommunale Schriften
für Hessen
2

Herausgegeben vom
Hessischen Städte- und
Gemeindebund

Hessische Gemeindeverfassung

Textausgabe
mit
Gemeindeordnung
und
Landkreisordnung

bearbeitet von

Gerhard Schneider
Ltd. Ministerialrat
im Hessischen Ministerium
des Innern

und

Heinz Ramb
Verwaltungsdirektor
beim Hessischen Städte- und
Gemeindebund

7., neubearbeitete Auflage

Deutscher Gemeindeverlag

Hessische Gemeindeverfassung: Textausg. / bearb. von Gerhard Schneider u. Heinz Ramb. – 7., neubearb. Aufl. – Köln; Berlin; Hannover; Kiel; Mainz; München: Deutscher Gemeindeverlag, 1981.
(Kommunale Schriften für Hessen; 2)
Enth.: Gemeindeordnung [Einheitssacht.: Hessische Gemeindeordnung]. – Landkreisordnung [Einheitssacht.: Hessische Landkreisordnung].
ISBN 3-555-40079-7
NE: Schneider, Gerhard [Bearb.]; 1. enth. Werk;
2. enth. Werk; EST d. 1. enth. Werkes; EST d.

1981
7., neubearbeitete Auflage
Deutscher Gemeindeverlag GmbH Köln, Berlin, Hannover, Kiel, Mainz, München
Verlagsort 6500 Mainz, Postfach 42 10 49
Gesamtherstellung Deutscher Gemeindeverlag GmbH Mainz

Buch Nr. KS 06/2

VORWORT

Die Hessische Gemeindeordnung und die Hessische Landkreisordnung sind seit ihrer Neufassung im Jahre 1960 wiederholt geändert worden. Die bedeutsamsten und umfangreichsten Änderungen brachten

- das Gesetz zur Änderung kommunalrechtlicher Vorschriften in Hessen vom 2. 11. 1971 (GVBl. I S. 253)
- das Gesetz zur Änderung des Gemeindewirtschaftsrechts und anderer kommunalrechtlicher Vorschriften vom 23. 5. 1973 (GVBl. I S. 161)
- die Gesetze zur Änderung der Hessischen Gemeindeordnung und der Hessischen Landkreisordnung vom 30. 8. 1976 (GVBl. I S. 325, 334) und
- das Gesetz zur Änderung kommunalrechtlicher Vorschriften vom 4. 7. 1980 (GVBl. I S. 219).

Durch Art. 9 des zuletzt genannten Gesetzes ist der Minister des Innern ermächtigt worden, die Hessische Gemeindeordnung und die Hessische Landkreisordnung in der sich aus diesem Gesetz ergebenden Fassung mit neuem Datum bekanntzumachen und dabei Unstimmigkeiten des Wortlauts zu beseitigen. Die nunmehr vom Innenminister bekanntgemachten Neufassungen (Stand 1. 4. 1981) enthalten keine materiellen, sondern lediglich redaktionelle Änderungen. So sind beispielsweise Verweisungen auf andere Vorschriften, die infolge der Änderungen unrichtig geworden waren, berichtigt worden (vgl. § 5 Abs. 4 HGO: Verweisung auf § 82 Abs. 2, nunmehr § 82 Abs. 3 HGO; § 134 Abs. 2 HGO; Verweisung auf § 127, nunmehr § 127 c HGO) und Buchstaben durch Nummern ersetzt worden (vgl. § 66 Abs. 1 HGO). Aus der Sicht der Praxis ist erfreulicherweise die bisherige Paragraphenfolge beibehalten worden.

INHALTSVERZEICHNIS

Seite

Hessische Gemeindeordnung (HGO)

in der Fassung vom 1. April 1981 (GVBl. I S. 66)

ÜBERSICHT:

ERSTER TEIL: Grundlagen der Gemeindeverfassung

§ 1 Wesen und Rechtsstellung der Gemeinde

(1) Die Gemeinde ist die Grundlage des demokratischen Staates. Sie fördert das Wohl ihrer Einwohner in freier Selbstverwaltung durch ihre von der Bürgerschaft gewählten Organe.

(2) Die Gemeinden sind Gebietskörperschaften.

§ 2 Wirkungskreis der Gemeinden

Die Gemeinden sind in ihrem Gebiet, soweit die Gesetze nicht ausdrücklich etwas anderes bestimmen, ausschließliche und eigenverantwortliche Träger der öffentlichen Verwaltung. Die vorhandenen Sonderverwaltungen sind möglichst auf die Gemeindeverwaltung zu überführen. Neue Sonderverwaltungen sollen grundsätzlich nicht errichtet werden.

§ 3 Neue Pflichten

Neue Pflichten können den Gemeinden nur durch Gesetz auferlegt werden: dieses hat gleichzeitig die Aufbringung der Mittel zu regeln. Eingriffe in die Rechte der Gemeinden sind nur durch Gesetz zulässig. Verordnungen zur Durchführung solcher Gesetze bedürfen der Zustimmung des Ministers des Innern; dies gilt nicht für Verordnungen der Landesregierung.

§ 4 Weisungsaufgaben

Den Gemeinden können durch Gesetz Aufgaben zur Erfüllung nach Weisung übertragen werden; das Gesetz bestimmt die Voraussetzungen und den Umfang des Weisungsrechts und hat gleichzeitig die Aufbringung der Mittel zu regeln. Die Weisungen sollen sich auf allgemeine Anordnungen beschränken und in der Regel nicht in die Einzelausführung eingreifen.

§ 4a Zusätzliche Aufgaben kreisangehöriger Gemeinden mit mehr als 50 000 Einwohnern

Kreisangehörige Gemeinden mit mehr als 50 000 Einwohnern erfüllen neben den Aufgaben nach § 2 zusätzlich die ihnen durch Gesetz oder Rechtsverordnung übertragenen Aufgaben.

§ 5 Satzungen

(1) Die Gemeinden können die Angelegenheiten der örtlichen Gemeinschaft durch Satzung regeln, soweit gesetzlich nichts anderes bestimmt ist. Satzungen bedürfen der Genehmigung der Aufsichtsbehörde nur, soweit eine Genehmigung in den Gesetzen ausdrücklich vorgeschrieben ist; sie sind, auch wenn sie keiner Genehmigung bedürfen, der Aufsichtsbehörde mitzuteilen.

(2) In den Satzungen können vorsätzliche und fahrlässige Zuwiderhandlungen gegen Gebote oder Verbote mit Geldbuße bedroht werden. Verwaltungsbehörde im Sinne des § 36 Abs. 1 Nr. 1 des Gesetzes über Ordnungswidrigkeiten ist der Gemeindevorstand.

(3) Satzungen sind öffentlich bekanntzumachen. Sie treten, wenn kein anderer Zeitpunkt bestimmt ist, mit dem Tage nach der Bekanntmachung in Kraft.

(4) Für die Rechtswirksamkeit der Satzungen ist eine Verletzung der Vorschriften der §§ 53, 56, 58 und 82 Abs. 3 unbeachtlich, wenn sie nicht innerhalb von sechs Monaten nach der öffentlichen Bekanntmachung der Satzung schriftlich unter Bezeichnung der Tatsachen, die eine solche Rechtsverletzung begründen können, gegenüber der Gemeinde geltend gemacht worden ist. § 25 Abs. 6, § 63, § 74 und § 138 bleiben unberührt.

§ 6 Hauptsatzung

(1) Jede Gemeinde hat eine Hauptsatzung zu erlassen. In der Hauptsatzung ist zu ordnen, was nach den Vorschriften dieses Gesetzes der Hauptsatzung vorbehalten ist; auch andere für die Verfassung der Gemeinde wesentliche Fragen können in der Hauptsatzung geregelt werden.

(2) Die Beschlußfassung über die Hauptsatzung und ihre Änderung bedarf der Mehrheit der gesetzlichen Zahl der Gemeindevertreter. Im letzten Jahr der Wahlzeit der Gemeindevertretung sollen keine wesentlichen Änderungen der Hauptsatzung vorgenommen werden.

§ 7 Öffentliche Bekanntmachungen

(1) Öffentliche Bekanntmachungen der Gemeinden erfolgen in einer örtlich verbreiteten, mindestens einmal wöchentlich erscheinenden Zeitung oder in einem Amtsblatt.

(2) Der Minister des Innern bestimmt durch Rechtsverordnung Näheres über Form und Verfahren der öffentlichen Bekanntmachungen. Er kann zulassen, daß in Gemeinden unter einer bestimmten Einwohnerzahl oder für bestimmte Bekanntmachungen andere als die in Abs. 1 bezeichneten Formen festgelegt werden. Er kann die Aufnahme nichtamtlicher Nachrichten und Anzeigen in Amtsblättern untersagen oder beschränken.

(3) Die Gemeinde regelt im Rahmen der Vorschriften der Abs. 1 und 2 die Form ihrer öffentlichen Bekanntmachungen in der Hauptsatzung.

§ 8 Einwohner und Bürger

(1) Einwohner ist, wer in der Gemeinde seinen Wohnsitz hat.

(2) Bürger der Gemeinde sind die wahlberechtigten Einwohner.

§ 8a Bürgerversammlung

(1) Zur Unterrichtung der Bürger über wichtige Angelegenheiten der Gemeinde soll mindestens einmal im Jahr eine Bürgerversammlung abgehalten werden. In größeren Gemeinden können Bürgerversammlungen auf Teile des Gemeindegebiets beschränkt werden.

(2) Die Bürgerversammlung wird von dem Vorsitzenden der Gemeindevertretung im Benehmen mit dem Gemeindevorstand einberufen. Die Einberufung erfolgt mindestens eine Woche vor dem festgesetzten Termin unter Angabe von Zeit, Ort und Gegenstand durch öffentliche Bekanntmachung. Zu den Bürgerversammlungen können auch nichtwahlberechtigte Einwohner zugelassen werden.

(3) Der Vorsitzende der Gemeindevertretung leitet die Bürgerversammlung. Er kann Sachverständige und Berater zuziehen. Der Gemeindevorstand nimmt an den Bürgerversammlungen teil; er muß jederzeit gehört werden.

§ 8b Bürgerbegehren

(1) Die Bürger einer Gemeinde können verlangen, daß über eine bestimmte Angelegenheit der Gemeinde in dem zuständigen Organ der Gemeinde beraten und entschieden wird.

(2) Der Antrag ist schriftlich bei dem Gemeindevorstand einzureichen. Er muß ein bestimmtes Begehren sowie eine Begründung enthalten, von

mindestens zwanzig vom Hundert, in Gemeinden mit mehr als 100 000 Einwohnern von mindestens zehn vom Hundert der bei der letzten Gemeindewahl amtlich ermittelten Zahl der wahlberechtigten Einwohner unterzeichnet sein und bis zu drei Vertrauenspersonen bezeichnen, die zur Entgegennahme von Mitteilungen und Entscheidungen der Organe der Gemeinde sowie zur Abgabe von Erklärungen gegenüber dem Gemeindevorstand ermächtigt sind.

(3) Die zuständigen Organe sind verpflichtet, über einen Antrag, der die Voraussetzungen der Abs. 1 und 2 erfüllt, binnen sechs Monaten nach Eingang bei dem Gemeindevorstand zu beraten und binnen weiteren sechs Monaten zu entscheiden, es sei denn, daß die Angelegenheit im letzten Jahr vor dem Tage des Eingangs schon einmal in dem zuständigen Organ behandelt worden ist. Der Gemeindevorstand hat den in dem Antrag bezeichneten Vertrauensleuten das Ergebnis der Behandlung oder im Falle der Nichtbehandlung der Hinderungsgründe unverzüglich schriftlich mitzuteilen.

§ 9 Organe

(1) Die von den Bürgern gewählte Gemeindevertretung ist das oberste Organ der Gemeinde. Sie trifft die wichtigen Entscheidungen und überwacht die gesamte Verwaltung. Sie führt in Städten die Bezeichnung Stadtverordnetenversammlung.

(2) Die laufende Verwaltung besorgt der Gemeindevorstand. Er ist kollegial zu gestalten und führt in Städten die Bezeichnung Magistrat.

§ 10 Vermögen und Einkünfte

Die Gemeinde hat ihr Vermögen und ihre Einkünfte so zu verwalten, daß die Gemeindefinanzen gesund bleiben. Auf die wirtschaftliche Leistungsfähigkeit der Abgabepflichtigen ist Rücksicht zu nehmen.

§ 11 Aufsicht

Die Aufsicht des Staates schützt die Gemeinden in ihren Rechten und sichert die Erfüllung ihrer Pflichten.

ZWEITER TEIL: Name, Bezeichnungen und Hoheitszeichen

§ 12 Name

Die Gemeinden führen ihre bisherigen Namen. Die Landesregierung kann auf Antrag oder nach Anhörung der Gemeinde den Gemeindenamen ändern; sie bestimmt auch den Namen einer neugebildeten Gemeinde. Über die Änderung der Schreibweise und die Beifügung von Unterscheidungsmerkmalen entscheidet der Minister des Innern. Über die besondere Benennung von Gemeindeteilen entscheidet die obere Aufsichtsbehörde.

§ 13 Bezeichnungen

(1) Die Bezeichnung Stadt führen die Gemeinden, denen diese Bezeichnung nach dem bisherigen Recht zusteht. Die Landesregierung kann die Bezeichnung Stadt an Gemeinden verleihen, die nach Einwohnerzahl, Siedlungsform und Wirtschaftsverhältnissen städtisches Gepräge tragen.

(2) Die Gemeinden können auch andere Bezeichnungen, die auf der geschichtlichen Vergangenheit, der Eigenart oder der Bedeutung der Gemeinde beruhen, weiterführen. Der Minister des Innern kann nach Anhörung der Gemeinde derartige Bezeichnungen verleihen oder ändern.

§ 14 Wappen, Flaggen, Dienstsiegel

(1) Die Gemeinden führen ihre bisherigen Wappen und Flaggen. Die Änderung von Wappen und Flaggen sowie die Annahme neuer Wappen und Flaggen bedarf der Genehmigung des Ministers des Innern.

(2) Die Gemeinden führen Dienstsiegel. Gemeinden, die zur Führung eines Wappens berechtigt sind, führen dieses in ihrem Dienstsiegel. Die übrigen Gemeinden führen in ihrem Dienstsiegel die Wappenfigur des Landes. Das Nähere bestimmt der Minister des Innern.

DRITTER TEIL: Gemeindegebiet

§ 15 Gebietsbestand

(1) Das Gebiet der Gemeinde bilden die Grundstücke, die nach geltendem Recht zu ihr gehören (Gemarkung). Grenzstreitigkeiten entscheidet die Aufsichtsbehörde.

(2) Jedes Grundstück muß zu einer Gemeinde gehören. Der Minister des Innern kann jedoch, wenn besondere Gründe vorliegen, zulassen, daß Grundstücke außerhalb einer Gemeinde verbleiben (gemeindefreie Grundstücke). Neue gemeindefreie Grundstücke dürfen nur unter den Voraussetzungen des § 16 Abs. 1 gebildet werden. Der Minister des Innern regelt die Verwaltung der gemeindefreien Grundstücke durch Verordnung.

§ 16 Grenzänderung

(1) Aus Gründen des öffentlichen Wohls können Gemeindegrenzen geändert, Gemeinden aufgelöst oder neugebildet und Gemeindeteile zu gemeindefreien Grundstücken erklärt werden. Die beteiligten Gemeinden und Landkreise sind vorher zu hören. Die Neubildung gemeindefreier Grundstücke ist nur zulässig, wenn sie von den beteiligten Gemeinden beantragt wird.

(2) Werden durch die Änderung von Gemeindegrenzen die Grenzen von Landkreisen berührt, so bewirkt die Änderung der Gemeindegrenzen auch die Änderung der Kreisgrenzen.

§ 17 Verfahren

(1) Die Gemeinden haben die Aufsichtsbehörde unverzüglich zu unterrichten, wenn sie Verhandlungen über die Änderung ihres Gebiets aufnehmen. Die Aufsichtsbehörde kann jederzeit an den Verhandlungen teilnehmen.

(2) Sind die beteiligten Gemeinden und Landkreise einverstanden, kann die Landesregierung die Grenzänderung aussprechen und den Tag der Rechtswirksamkeit bestimmen. Ist eine Gemeinde oder ein Landkreis mit der Grenzänderung nicht einverstanden, bedarf es eines Gesetzes.

§ 18 Auseinandersetzung und Übergangsregelung

(1) Die beteiligten Gemeinden können Vereinbarungen über die aus Anlaß der Grenzänderung zu regelnden Einzelfragen, insbesondere die Auseinandersetzung, die Rechtsnachfolge, das Ortsrecht und die Verwaltung, treffen (Grenzänderungsvertrag). Der Grenzänderungsvertrag bedarf der Genehmigung der Aufsichtsbehörde.

(2) Kommt ein Grenzänderungsvertrag zwischen den beteiligten Gemeinden nicht zustande oder wird der Grenzänderungsvertrag von der

Aufsichtsbehörde nicht genehmigt, regelt diese das Erforderliche. Das gleiche gilt, soweit der Grenzänderungsvertrag keine erschöpfende Regelung enthält.

(3) Die Genehmigung des Grenzänderungsvertrags und die Entscheidung der Aufsichtsbehörde über die Auseinandersetzung begründen Rechte und Pflichten der Beteiligten. Sie bewirken den Übergang, die Beschränkung oder Aufhebung von dinglichen Rechten. Die Aufsichtsbehörde ersucht die zuständigen Behörden um die Berichtigung des Grundbuchs, des Wasserbuchs und anderer öffentlicher Bücher.

(4) Rechtshandlungen, die aus Anlaß der Änderung des Gemeindegebiets erforderlich werden, sind frei von öffentlichen Abgaben und Gebühren.

VIERTER TEIL: Einwohner und Bürger

§ 19 Öffentliche Einrichtungen, Anschluß- und Benutzungszwang

(1) Die Gemeinde hat die Aufgabe, in den Grenzen ihrer Leistungsfähigkeit die für ihre Einwohner erforderlichen wirtschaftlichen, sozialen und kulturellen öffentlichen Einrichtungen bereitzustellen.

(2) Sie kann bei öffentlichem Bedürfnis durch Satzung für die Grundstücke ihres Gebiets den Anschluß an Wasserleitung, Kanalisation, Straßenreinigung, Fernheizung und ähnliche der Volksgesundheit dienende Einrichtungen (Anschlußzwang) und die Benutzung dieser Einrichtungen und der Schlachthöfe (Benutzungszwang) vorschreiben. Die Satzung kann Ausnahmen von Anschluß- und Benutzungszwang zulassen. Sie kann den Zwang auf bestimmte Teile des Gemeindegebiets und auf bestimmte Gruppen von Grundstücken oder Personen beschränken.

§ 20 Teilnahme an öffentlichen Einrichtungen und Gemeindelasten

(1) Die Einwohner der Gemeinden sind im Rahmen der bestehenden Vorschriften berechtigt, die öffentlichen Einrichtungen der Gemeinde zu benutzen, und verpflichtet, die Gemeindelasten zu tragen.

(2) Grundbesitzer und Gewerbetreibende, die nicht in der Gemeinde wohnen, sind in gleicher Weise berechtigt, die öffentlichen Einrichtungen zu benutzen, die in der Gemeinde für Grundbesitzer und Gewerbetrei-

bende bestehen, und verpflichtet, für ihren Grundbesitz oder Gewerbebetrieb im Gemeindegebiet zu den Gemeindelasten beizutragen.

(3) Diese Vorschriften gelten entsprechend für juristische Personen und für Personenvereinigungen.

§ 21 Ehrenamtliche Tätigkeit

(1) Eine ehrenamtliche Tätigkeit für die Gemeinde soll nur Bürgern übertragen werden, die sich in der Gemeinde allgemeinen Ansehens erfreuen und das Vertrauen ihrer Mitbürger genießen; die besonderen Voraussetzungen für ehrenamtliche Tätigkeiten im Sinne des § 61 Abs. 2 Satz 2 und § 72 Abs. 2 bleiben unberührt. Der Bürger ist verpflichtet, eine ehrenamtliche Tätigkeit für die Gemeinde zu übernehmen und auszuüben; dies gilt nicht für das Amt des Bürgermeisters, des Beigeordneten und des Kassenverwalters.

(2) Die Berufung zu ehrenamtlicher Tätigkeit obliegt dem Gemeindevorstand, sofern gesetzlich nichts anderes bestimmt ist. Bei Übernahme seiner Tätigkeit ist der ehrenamtlich Tätige zur gewissenhaften und unparteiischen Ausübung und zur Verschwiegenheit zu verpflichten; die Verpflichtung ist aktenkundig zu machen. Die Berufung kann, wenn sie nicht auf Zeit erfolgt ist, jederzeit zurückgenommen werden.

(3) Die beamtenrechtlichen Vorschriften über Ehrenbeamte bleiben unberührt.

§ 22 Persönliche Dienste

Die Gemeinde ist berechtigt, zur Erfüllung dringlicher öffentlicher Aufgaben die Einwohner für eine beschränkte Zeit zu persönlichen Diensten und anderen Leistungen im Rahmen des Herkömmlichen heranzuziehen; hierbei sind die persönlichen Verhältnisse der Einwohner angemessen zu berücksichtigen. Zu Leistungen nach Satz 1, mit Ausnahme von persönlichen Diensten, können auch juristische Personen und Personenvereinigungen sowie solche Personen herangezogen werden, die nicht in der Gemeinde wohnen, jedoch in der Gemeinde Grundbesitz haben oder ein Gewerbe betreiben. Der Kreis der Verpflichteten sowie die Art und der Umfang der Leistungen sind durch Satzung festzulegen.

§ 23 Ablehnungsgründe

(1) Der Bürger kann die Übernahme einer ehrenamtlichen Tätigkeit ablehnen oder sein Ausscheiden verlangen, wenn ein wichtiger Grund vorliegt. Ob ein wichtiger Grund vorliegt, entscheidet die für die Berufung zuständige Stelle.

(2) Als wichtiger Grund im Sinne des Abs. 1 gilt insbesondere, wenn der Bürger

1. bereits mehrere ehrenamtliche Tätigkeiten für die Gemeinde ausübt,
2. mindestens acht Jahre als Mitglied der Gemeindevertretung angehört hat oder sonst ehrenamtlich für die Gemeinde tätig war,
3. ein geistliches Amt verwaltet,
4. ein öffentliches Amt verwaltet und die Anstellungsbehörde feststellt, daß die ehrenamtliche Tätigkeit mit seinen Dienstpflichten nicht vereinbar ist,
5. durch die persönliche Fürsorge für seine Familie fortwährend besonders belastet ist,
6. mindestens zwei Vormundschaften oder Pflegschaften führt,
7. häufig oder langdauernd von der Gemeinde beruflich abwesend ist,
8. anhaltend krank ist,
9. mindestens 60 Jahre alt ist.

§ 24 Verschwiegenheitspflicht

(1) Der ehrenamtlich Tätige hat, auch nach Beendigung seiner Tätigkeit, über die ihm dabei bekanntgewordenen Angelegenheiten Verschwiegenheit zu bewahren. Dies gilt nicht für Mitteilungen im dienstlichen Verkehr oder über Tatsachen, die offenkundig sind oder ihrer Bedeutung nach keiner Geheimhaltung bedürfen.

(2) Der ehrenamtlich Tätige darf ohne Genehmigung des Bürgermeisters über Angelegenheiten, über die er Verschwiegenheit zu wahren hat, weder vor Gericht noch außergerichtlich aussagen oder Erklärungen abgeben.

(3) Die Genehmigung, als Zeuge auszusagen, darf nur versagt werden,

wenn die Aussage dem Wohle des Bundes, eines Landes, der Gemeinde oder eines anderen Trägers der öffentlichen Verwaltung Nachteile bereiten oder die Erfüllung öffentlicher Aufgaben ernstlich gefährden oder erheblich erschweren würde.

(4) Ist der ehrenamtlich Tätige Beteiligter in einem gerichtlichen Verfahren oder soll sein Vorbringen der Wahrnehmung seiner berechtigten Interessen dienen, so darf die Genehmigung auch dann, wenn die Voraussetzungen des Abs. 3 erfüllt sind, nur versagt werden, wenn ein zwingendes öffentliches Interesse dies erfordert. Wird sie versagt, so ist dem ehrenamtlich Tätigen der Schutz zu gewähren, den die öffentlichen Interessen zulassen.

§ 24a Ordnungswidrigkeiten

(1) Ordnungswidrig handelt, wer

1. ohne wichtigen Grund die Übernahme einer ehrenamtlichen Tätigkeit ablehnt oder ihre Ausübung verweigert,
2. die Pflichten des § 24 oder des § 26 verletzt.

(2) Die Ordnungswidrigkeit kann mit einer Geldbuße bis zu fünfhundert Deutsche Mark geahndet werden.

(3) Verwaltungsbehörde im Sinne des § 36 Abs. 1 Nr. 1 des Gesetzes über Ordnungswidrigkeiten ist der Gemeindevorstand.

§ 25 Widerstreit der Interessen

(1) Niemand darf in haupt- oder ehrenamtlicher Tätigkeit in einer Angelegenheit beratend oder entscheidend mitwirken, wenn er

1. durch die Entscheidung in der Angelegenheit einen unmittelbaren Vorteil oder Nachteil erlangen kann,
2. Angehöriger einer Person ist, die zu dem in Nr. 1 bezeichneten Personenkreis gehört,
3. eine natürliche oder juristische Person nach Nr. 1 kraft Gesetzes oder in der betreffenden Angelegenheit kraft Vollmacht vertritt (Einzel- oder Gesamtvertretung),
4. bei einer natürlichen oder juristischen Person oder Vereinigung nach

Nr. 1 gegen Entgelt beschäftigt ist, wenn Tatsachen die Annahme rechtfertigen, daß dadurch Befangenheit gegeben ist,

5. bei einer juristischen Person oder Vereinigung nach Nr. 1 als Mitglied des Vorstands, des Aufsichtsrats oder eines gleichartigen Organs tätig ist, es sei denn, daß er diesem Organ als Vertreter der Gemeinde angehört oder von der Gemeinde in das Organ entsandt worden ist,
6. in anderer als öffentlicher Eigenschaft in der Angelegenheit tätig geworden ist.

Satz 1 gilt nicht, wenn jemand an der Entscheidung lediglich als Angehöriger einer Berufs- oder Bevölkerungsgruppe beteiligt ist, deren gemeinsame Interessen durch die Angelegenheit berührt werden.

(2) Abs. 1 gilt nicht für die Stimmabgabe bei Wahlen und Abberufungen.

(3) Ob ein Widerstreit der Interessen vorliegt, entscheidet das Organ oder Hilfsorgan, dem der Betroffene angehört oder für das er die Tätigkeit ausübt.

(4) Wer annehmen muß, weder beratend noch entscheidend mitwirken zu dürfen, hat dies vorher dem Vorsitzenden des Organs oder Hilfsorgans, dem er angehört oder für das er die Tätigkeit ausübt, mitzuteilen. Wer an der Beratung und Entscheidung nicht teilnehmen darf, muß den Beratungsraum verlassen; dies gilt auch für die Entscheidung nach Abs. 3.

(5) Angehörige im Sinne des Abs. 1 Satz 1 Nr. 2 sind:

1. der Verlobte,
2. der Ehegatte,
3. Verwandte und Verschwägerte gerader Linie,
4. Geschwister,
5. Kinder der Geschwister,
6. Ehegatten der Geschwister und Geschwister der Ehegatten,
7. Geschwister der Eltern,
8. Personen, die durch ein auf längere Dauer angelegtes Pflegeverhältnis mit häuslicher Gemeinschaft wie Eltern und Kind miteinander verbunden sind (Pflegeeltern und Pflegekinder).

Angehörige sind die in Satz 1 bezeichneten Personen auch dann, wenn

1. in den Fällen der Nr. 2, 3 und 6 die die Beziehung begründende Ehe nicht mehr besteht,
2. in den Fällen der Nr. 3 bis 7 die Verwandtschaft oder Schwägerschaft durch Annahme als Kind erloschen ist,
3. im Falle der Nr. 8 die häusliche Gemeinschaft nicht mehr besteht, sofern die Personen weiterhin wie Eltern und Kind miteinander verbunden sind.

(6) Beschlüsse, die unter Verletzung der Abs. 1 bis 4 gefaßt worden sind, sind unwirksam. Sie gelten jedoch sechs Monate nach der Beschlußfassung oder, wenn eine öffentliche Bekanntmachung erforderlich ist, sechs Monate nach dieser als von Anfang an wirksam zustandegekommen, wenn nicht vorher der Gemeindevorstand oder der Bürgermeister widersprochen oder die Aufsichtsbehörde sie beanstandet hat; die Widerspruchsfristen der §§ 63 und 74 bleiben unberührt. Die Wirksamkeit tritt nicht gegenüber demjenigen ein, der vor Ablauf der Sechsmonatsfrist ein Rechtsmittel eingelegt oder ein gerichtliches Verfahren anhängig gemacht hat, wenn in dem Verfahren der Mangel festgestellt wird.

§ 26 Treupflicht

Ehrenbeamte haben eine besondere Treupflicht gegenüber der Gemeinde. Sie dürfen Ansprüche Dritter gegen die Gemeinde nicht geltend machen, es sei denn, daß sie als gesetzliche Vertreter handeln. Das gilt auch für andere ehrenamtlich tätige Bürger, wenn der Auftrag mit den Aufgaben ihrer ehrenamtlichen Tätigkeit im Zusammenhang steht. Ob die Voraussetzungen dieser Vorschrift vorliegen, entscheidet das Organ oder Hilfsorgan, dem der Betroffene angehört oder für das er die Tätigkeit ausübt.

§ 26a Anzeigepflicht

Die Mitglieder eines Organs der Gemeinde sind verpflichtet, die Mitgliedschaft oder eine entgeltliche oder ehrenamtliche Tätigkeit in einer Körperschaft, Anstalt, Stiftung, Gesellschaft, Genossenschaft oder in einem Verband einmal jährlich dem Vorsitzenden des Organs anzuzeigen, dem sie angehören. Der Vorsitzende leitet eine Zusammenstellung der Anzeigen dem Finanzausschuß zur Unterrichtung zu. Das Nähere des Verfahrens kann in der Geschäftsordnung geregelt werden.

§ 27 Entschädigung

(1) Ehrenamtlich Tätige haben Anspruch auf Ersatz von Verdienstausfall. Durch Satzung ist ein Durchschnittssatz festzusetzen, der nur denjenigen zu gewähren ist, denen nachweisbar ein Verdienstausfall entstehen kann. Hausfrauen wird der Durchschnittssatz ohne diesen Nachweis gewährt. Die Gewährung des Durchschnittssatzes kann durch Satzung auf Zeiten beschränkt werden, in denen nach der allgemeinen Lebenserfahrung einer Erwerbstätigkeit nachgegangen wird. Anstelle des Durchschnittssatzes kann der tatsächlich entstandene und nachgewiesene Verdienstausfall verlangt werden.

(2) Ehrenamtlich Tätige haben Anspruch auf Ersatz ihrer tatsächlich entstandenen und nachgewiesenen Fahrkosten.

(3) Ehrenamtlich Tätigen kann neben dem Ersatz des Verdienstausfalls und der Fahrkosten durch Satzung eine Aufwandsentschädigung gewährt werden. Die Aufwandsentschädigung kann ganz oder teilweise als Sitzungsgeld gezahlt werden. Dem Vorsitzenden der Gemeindevertretung, seinen Stellvertretern, den Ausschußvorsitzenden, Fraktionsvorsitzenden, ehrenamtlichen Beigeordneten und Ortsvorstehern kann eine höhere Aufwandsentschädigung gewährt werden. Der Minister des Innern kann durch Rechtsverordnung Höchstsätze bestimmen, die nicht überschritten werden dürfen.

(4) Die Vorschriften der Abs. 1, 2 und 3 Satz 1 und 2 sind auch auf Fraktionssitzungen anzuwenden. Fraktionssitzungen im Sinne des Satz 1 sind auch Sitzungen von Teilen einer Fraktion (Fraktionsvorstand, Fraktionsarbeitsgruppen). Die Zahl der ersatzpflichtigen Fraktionssitzungen pro Jahr ist durch Satzung zu begrenzen.

(5) Die Ansprüche auf die in Abs. 1 bis 3 genannten Bezüge sind nicht übertragbar. Auf die Aufwandsentschädigung kann weder ganz noch teilweise verzichtet werden.

§ 28 Ehrenbürgerrecht, Ehrenbezeichnung

(1) Die Gemeinde kann Personen, die sich um sie besonders verdient gemacht haben, das Ehrenbürgerrecht verleihen. Die Verleihung des Ehrenbürgerrechts an Ausländer bedarf der Genehmigung der Aufsichtsbehörde.

(2) Die Gemeinde kann Bürgern, die als Gemeindevertreter, Ehren-

beamte oder hauptamtliche Wahlbeamte insgesamt mindestens zwanzig Jahre ihr Mandat oder Amt ausgeübt haben, eine Ehrenbezeichnung verleihen.

(3) Die Gemeinde kann das Ehrenbürgerrecht und die Ehrenbezeichnung wegen unwürdigen Verhaltens entziehen.

FÜNFTER TEIL: Verwaltung der Gemeinde

ERSTER ABSCHNITT: Allgemeine Vorschriften

ERSTER TITEL: Wahlrecht

§ 29 Wahlgrundsätze

(1) Die Bürger der Gemeinde nehmen durch die Wahl der Gemeindevertreter und durch Bürgerbegehren (§ 8b) an der Verwaltung der Gemeinde teil. Gewählt wird in allgemeiner, freier, gleicher, geheimer und unmittelbarer Wahl.

(2) Für das Wahlverfahren gelten die Bestimmungen des Hessischen Kommunalwahlgesetzes.

§ 30 Aktives Wahlrecht

(1) Wahlberechtigt ist, wer am Wahltag

1. Deutscher im Sinne des Art. 116 Abs. 1 des Grundgesetzes ist,
2. das achtzehnte Lebensjahr vollendet hat und
3. seit mindestens drei Monaten in der Gemeinde seinen Wohnsitz hat; entsprechendes gilt für den Ortsbezirk (§ 81).

Bei Inhabern von Haupt- und Nebenwohnungen im Sinne des Melderechts gilt der Ort der Hauptwohnung als Wohnsitz.

(2) Hauptamtliche Bürgermeister, hauptamtliche Beigeordnete und Landräte sind ohne Rücksicht auf die Dauer des Wohnsitzes mit dem Amtsantritt in der Gemeinde wahlberechtigt.

§ 31 Ausschluß vom Wahlrecht

(1) Nicht wahlberechtigt ist,

1. wer entmündigt ist oder unter vorläufiger Vormundschaft oder wegen geistigen Gebrechens unter Pflegschaft steht, sofern er nicht durch eine Bescheinigung des Vormundschaftsgerichts nachweist, daß die Pflegschaft auf Grund seiner Einwilligung angeordnet ist,
2. wer infolge Richterspruchs oder auf Grund anderer gesetzlicher Vorschriften das Wahlrecht nicht besitzt.

(2) Die Wahlberechtigung ruht für Personen, die infolge Richterspruchs auf Grund landesrechtlicher Vorschriften wegen Geisteskrankheit oder Geistesschwäche nicht nur einstweilig in einem psychiatrischen Krankenhaus untergebracht sind.

§ 32 Passives Wahlrecht

(1) Wählbar als Gemeindevertreter sind die Wahlberechtigten, die am Wahltag das achtzehnte Lebensjahr vollendet und seit mindestens sechs Monaten in der Gemeinde ihren Wohnsitz haben; entsprechendes gilt für den Ortsbezirk (§ 81). § 30 Abs. 1 Satz 2 gilt für die Wählbarkeit entsprechend.

(2) Nicht wählbar ist, wer infolge Richterspruchs die Wählbarkeit oder die Fähigkeit zur Bekleidung öffentlicher Ämter nicht besitzt.

§ 33 Nachträglicher Fortfall der Wählbarkeit

(1) Tritt nachträglich ein Tatbestand ein, der das Ruhen der Wahlberechtigung (§ 31 Abs. 2) zur Folge hat, so kann die ehrenamtliche Tätigkeit vorzeitig für beendet erklärt werden. Die Entscheidung trifft für Gemeindevertreter die Gemeindevertretung, im übrigen die für die Berufung zuständige Stelle.

(2) Fällt im übrigen eine Voraussetzung der Wählbarkeit fort oder tritt nachträglich ein Tatbestand ein, der den Ausschluß von der Wählbarkeit zur Folge hat, so endet die Tätigkeit als Gemeindevertreter, als Mitglied des Ortsbeirats oder die sonstige ehrenamtliche Tätigkeit für die Gemeinde zu dem in § 33 des Hessischen Kommunalwahlgesetzes bestimmten Zeitpunkt.

§ 34 (weggefallen)

ZWEITER TITEL: Gemeindevertreter

§ 35 Unabhängigkeit

(1) Die Gemeindevertreter üben ihre Tätigkeit nach ihrer freien, nur durch die Rücksicht auf das Gemeinwohl bestimmten Überzeugung aus und sind an Aufträge und Wünsche der Wähler nicht gebunden.

(2) Gemeindevertreter sind ehrenamtlich Tätige im Sinne der §§ 24 bis 26 und des § 27. Verwaltungsbehörde im Sinne des § 36 Abs. 1 Nr. 1 des Gesetzes über Ordnungswidrigkeiten ist die Aufsichtsbehörde.

§ 35a Sicherung der Mandatsausübung

(1) Niemand darf gehindert werden, sich um ein Mandat als Gemeindevertreter zu bewerben, es anzunehmen oder auszuüben. Benachteiligungen am Arbeitsplatz im Zusammenhang mit der Bewerbung um ein Mandat, der Annahme und Ausübung eines Mandats sind unzulässig. Entgegenstehende Vereinbarungen sind nichtig. Die Bestimmungen der Abs. 2 bis 5 gelten nur für außerhalb des öffentlichen Dienstes beschäftigte Gemeindevertreter.

(2) Die Arbeitsverhältnisse von Gemeindevertretern können vom Arbeitgeber nur aus wichtigem Grund gekündigt werden. Der Kündigungsschutz beginnt mit der Aufstellung des Bewerbers durch das dafür zuständige Gremium. Er gilt ein Jahr nach Beendigung des Mandats fort. Gehörte der Gemeindevertreter weniger als ein Jahr der Gemeindevertretung an, besteht Kündigungsschutz für sechs Monate nach Beendigung des Mandats.

(3) Der Gemeindevertreter ist auf dem bisherigen Arbeitsplatz zu belassen. Die Umsetzung auf einen anderen gleichwertigen Arbeitsplatz oder an einen anderen Beschäftigungsort ist nur zulässig, wenn der Gemeindevertreter zustimmt oder dem Arbeitgeber eine Belassung auf dem bisherigen Arbeitsplatz oder an dem bisherigen Beschäftigungsort bei Abwägung aller Umstände nicht zugemutet werden kann. Die niedrigere Eingruppierung des Gemeindevertreters auf dem bisherigen oder zukünftigen Arbeitsplatz nach Satz 2 ist ausgeschlossen. Abs. 2 Satz 2 gilt entsprechend.

(4) Dem Gemeindevertreter ist die für die Mandatsausübung erforderli-

che Freistellung von der Arbeit zu gewähren. Die Entschädigung des Verdienstausfalls richtet sich nach § 27.

(5) Dem Gemeindevertreter ist unabhängig von der Freistellung jährlich bis zu zwei Wochen Urlaub für die Teilnahme an Fortbildungsveranstaltungen im Zusammenhang mit dem Mandat zu gewähren.

§ 36 Wahlzeit

Die Gemeindevertreter werden für vier Jahre gewählt (Wahlzeit). Unberührt bleiben die besonderen Bestimmungen für Wiederholungs- und Nachwahlen. Die Neuwahl muß vor Ablauf der Wahlzeit stattfinden.

§ 36a Fraktionen

(1) Gemeindevertreter können sich zu einer Fraktion zusammenschließen. Eine Fraktion kann Gemeindevertreter, die keiner Fraktion angehören, als Hospitanten aufnehmen. Das Nähere über die Bildung einer Fraktion, die Fraktionsstärke, ihre Rechte und Pflichten innerhalb der Gemeindevertretung sind in der Geschäftsordnung zu regeln. Parteien oder Wählergruppen, die durch Wahlen in der Gemeindevertretung vertreten sind, erhalten Fraktionsstatus.

(2) Die Bildung einer Fraktion, ihre Bezeichnung, die Namen der Mitglieder und Hospitanten sowie des Vorsitzenden und seiner Stellvertreter sind dem Vorsitzenden der Gemeindevertretung und dem Gemeindevorstand mitzuteilen.

§ 37 Hinderungsgründe

Gemeindevertreter können nicht sein:

1. hauptamtliche Beamte und haupt- und nebenberufliche Angestellte
   a) der Gemeinde,
   b) einer gemeinschaftlichen Verwaltungseinrichtung, an der die Gemeinde beteiligt ist,
   c) einer Körperschaft, Anstalt oder Stiftung des öffentlichen Rechts, an der die Gemeinde maßgeblich beteiligt ist,
   d) des Landes, die beim Oberbürgermeister als Behörde der Landesverwaltung beschäftigt sind oder unmittelbar Aufgaben der Staats-

aufsicht (Kommunal- und Fachaufsicht) über die Gemeinde wahrnehmen,

e) des Landkreises, die mit Aufgaben der Rechnungsprüfung für die Gemeinde befaßt sind,

2. leitende Angestellte einer Gesellschaft oder einer Stiftung des bürgerlichen Rechts, an der die Gemeinde maßgeblich beteiligt ist.

§ 38 Zahl der Gemeindevertreter

Die Zahl der Gemeindevertreter beträgt in Gemeinden

		bis zu	3 000 Einwohnern	15
von	3 001	bis zu	5 000 Einwohnern	23
von	5 001	bis zu	10 000 Einwohnern	31
von	10 001	bis zu	25 000 Einwohnern	37
von	25 001	bis zu	50 000 Einwohnern	45
von	50 001	bis zu	100 000 Einwohnern	59
von	100 001	bis zu	250 000 Einwohnern	71
von	250 001	bis zu	500 000 Einwohnern	81
von	500 001	bis zu	1 000 000 Einwohnern	93
		über	1 000 000 Einwohnern	105.

DRITTER TITEL: Bürgermeister, Beigeordnete, Gemeindebedienstete

§ 39 Wahl und Amtszeit der Bürgermeister und Beigeordneten

(1) Der Bürgermeister und die Beigeordneten werden von der Gemeindevertretung gewählt.

(2) Die Amtszeit des hauptamtlichen Bürgermeisters und der hauptamtlichen Beigeordneten beträgt sechs Jahre.

(3) Ehrenamtliche Bürgermeister und ehrenamtliche Beigeordnete werden für die Wahlzeit der Gemeindevertretung gewählt. Ehrenamtliche Bürgermeister und Beigeordnete scheiden vorzeitig aus, wenn sie zur Erfüllung ihrer Dienstpflichten dauernd unfähig werden. Die Gemeindevertretung stellt das Ausscheiden fest.

(4) Für ehrenamtliche Bürgermeister und ehrenamtliche Beigeordnete gilt § 35a entsprechend.

§ 40 Wiederwahl

(1) Eine Wiederwahl hauptamtlicher Bürgermeister und hauptamtlicher Beigeordneter ist frühestens sechs Monate vor Ablauf der Amtszeit zulässig; sie muß spätestens drei Monate vor Ablauf der Amtszeit vorgenommen sein. Der Beschluß über die Vornahme einer Wiederwahl ist in geheimer Abstimmung zu fassen.

(2) Hauptamtliche Bürgermeister und hauptamtliche Beigeordnete sind verpflichtet, das Amt erneut zu übernehmen, wenn sie spätestens drei Monate vor Ablauf der Amtszeit wiedergewählt und wenn die Anstellungsbedingungen bei der Wiederwahl nicht verschlechtert werden. Bei unbegründeter Ablehnung verlieren sie den Anspruch auf Versorgung. Die vorstehenden Bestimmungen finden keine Anwendung auf hauptamtliche Bürgermeister und hauptamtliche Beigeordnete, die bei Ablauf der Amtszeit das 60. Lebensjahr vollendet haben.

(3) Hauptamtliche Bürgermeister und hauptamtliche Beigeordnete, die nicht gemäß Abs. 2 Satz 1 wiedergewählt werden, haben Anspruch auf Versorgung nach Maßgabe der einschlägigen Bestimmungen.

§ 41 Weiterführung der Amtsgeschäfte

Um die geordnete Fortführung der Verwaltung zu sichern, können Bürgermeister und Beigeordnete nach Ablauf ihrer Amtszeit die Amtsgeschäfte weiterführen, bis ihre Nachfolger das Amt antreten, es sei denn, die Gemeindevertretung beschließt, daß sie die Amtsgeschäfte nicht weiterführen sollen; zu einer Weiterführung der Amtsgeschäfte bis zu drei Monaten sind sie verpflichtet, wenn die Weiterführung der Amtsgeschäfte für sie keine unbillige Härte bedeutet. Für die Dauer der Weiterführung der Amtsgeschäfte besteht das bisherige Amtsverhältnis weiter. Hauptamtlichen Bürgermeistern und hauptamtlichen Beigeordneten sind für die Zeit der Weiterführung der Amtsgeschäfte die bisherigen Bezüge, ehrenamtlichen die Aufwandsentschädigung weiterzugewähren.

§ 42 Wahl des hauptamtlichen Bürgermeisters und der hauptamtlichen Beigeordneten, persönliche Voraussetzungen

(1) Die Wahl des hauptamtlichen Bürgermeisters und der hauptamtlichen Beigeordneten wird durch einen Ausschuß der Gemeindevertretung vorbereitet; dies gilt nicht für die Wiederwahl. Die Sitzungen dieses Aus-

schusses sind nicht öffentlich; der Vorsitzende der Gemeindevertretung, seine Stellvertreter, sonstige Gemeindevertreter – mit Ausnahme der Minderheitenvertreter nach § 62 Abs. 4 Satz 2 – und der Gemeindevorstand können nicht an den Ausschußsitzungen teilnehmen; über das Ergebnis der Sitzungen dürfen nur an Mitglieder der Gemeindevertretung und des Gemeindevorstands Auskünfte erteilt werden. Der Ausschuß hat über das Ergebnis seiner Arbeit in einer öffentlichen Sitzung der Gemeindevertretung zu berichten.

(2) Die Wahl des hauptamtlichen Bürgermeisters und der hauptamtlichen Beigeordneten soll rechtzeitig vor Ablauf der Amtszeit stattfinden; § 40 Abs. 1 Satz 1 gilt entsprechend. Die Stellen sind öffentlich auszuschreiben; dies gilt nicht für die Wiederwahl.

(3) Zum hauptamtlichen Bürgermeister oder hauptamtlichen Beigeordneten sollen nur Personen gewählt werden, die die für ihr Amt erforderliche Eignung besitzen.

§ 43 Ausschließungsgründe

(1) Ehrenamtlicher Bürgermeister oder ehrenamtlicher Beigeordneter kann nicht sein:

1. wer gegen Entgelt im Dienst der Gemeinde steht,
2. wer gegen Entgelt im Dienst einer Körperschaft, Anstalt, Stiftung oder Gesellschaft steht, an der die Gemeinde maßgeblich beteiligt ist,
3. wer als hauptamtlicher Beamter oder haupt- oder nebenberuflicher Angestellter des Landes beim Oberbürgermeister als Behörde der Landesverwaltung beschäftigt ist oder unmittelbar Aufgaben der Staatsaufsicht (Kommunal- und Fachaufsicht) über die Gemeinde wahrnimmt,
4. wer als hauptamtlicher Beamter oder haupt- oder nebenberuflicher Angestellter des Landkreises mit Aufgaben der Rechnungsprüfung für die Gemeinde befaßt ist.

(2) Bürgermeister und Beigeordnete dürfen nicht miteinander bis zum zweiten Grade verwandt oder im ersten Grade verschwägert oder durch Ehe verbunden sein. Entsteht ein solches Verhältnis nachträglich, hat einer der Beteiligten auszuscheiden; ist einer der Beteiligten Bürgermeister, scheidet der andere aus; ist einer der Beteiligten hauptamtlich, der

andere ehrenamtlich tätig, scheidet letzterer aus. Im übrigen entscheidet, wenn sich die Beteiligten nicht einigen können, das Los.

§ 44 Hauptamtliche und ehrenamtliche Verwaltung

(1) Bürgermeister sind hauptamtlich tätig. In Gemeinden mit nicht mehr als 1 500 Einwohnern kann die Hauptsatzung jedoch bestimmen, daß die Stelle des Bürgermeisters ehrenamtlich zu verwalten ist.

(2) Beigeordnete sind ehrenamtlich tätig. In jeder Gemeinde sind mindestens zwei Beigeordnete zu bestellen. Die Hauptsatzung kann bestimmen, daß eine höhere Zahl an Beigeordneten zu wählen ist und welche Beigeordnetenstellen hauptamtlich zu verwalten sind. Die Zahl der hauptamtlichen Beigeordneten darf die der ehrenamtlichen nicht übersteigen. Eine Herabsetzung der Zahl der ehrenamtlichen Beigeordnetenstellen während der Wahlzeit ist nicht zulässig.

§ 45 Amtsbezeichnung

(1) In Gemeinden mit mehr als 50 000 Einwohnern führt der Bürgermeister die Amtsbezeichnung Oberbürgermeister, der Erste Beigeordnete die Amtsbezeichnung Bürgermeister.

(2) In Städten führen der mit der Verwaltung des Finanzwesens beauftragte hauptamtliche Beigeordnete die Bezeichnung Stadtkämmerer, die übrigen Beigeordneten die Bezeichnung Stadtrat. Der Bezeichnung Stadtrat kann ein das Arbeitsgebiet kennzeichnender Zusatz (Stadtschulrat, Stadtbaurat usw.) beigefügt werden.

(3) Im übrigen kann die Amtsbezeichnung der Beigeordneten durch die Hauptsatzung geregelt werden.

§ 46 Einführung und Verpflichtung

(1) Der Bürgermeister und die Beigeordneten werden spätestens sechs Monate nach ihrer Wahl von dem Vorsitzenden der Gemeindevertretung in öffentlicher Sitzung in ihr Amt eingeführt und durch Handschlag auf die gewissenhafte Erfüllung ihrer Aufgaben verpflichtet.

(2) Die Amtszeit der Bürgermeister und Beigeordneten beginnt mit dem Tage der Aushändigung einer Urkunde über die Berufung in ihr Amt oder mit dem in der Urkunde genannten späteren Zeitpunkt. Die Urkunde ist bei der Einführung auszuhändigen; sie wird dem Bürgermeister von sei-

nem allgemeinen Vertreter, im Falle der Verhinderung von einem anderen, vom Gemeindevorstand bestimmten Beigeordneten, und den Beigeordneten vom Bürgermeister überreicht.

(3) Für Beamte, die durch Wiederwahl berufen werden, gilt nicht die Vorschrift des Abs. 1; ihre neue Amtszeit beginnt am Tag nach dem Ablauf der bisherigen Amtszeit.

§ 47 Vertretung des Bürgermeisters

Der Erste Beigeordnete ist der allgemeinde Vertreter des Bürgermeisters; er soll als allgemeiner Vertreter nur tätig werden, wenn der Bürgermeister verhindert ist. Die übrigen Beigeordneten sind zur allgemeinen Vertretung des Bürgermeisters nur berufen, wenn der Erste Beigeordnete verhindert ist. Die Reihenfolge bestimmt der Gemeindevorstand.

§ 48 Rechtsverhältnisse der Gemeindebediensteten

Die Rechte und Pflichten der Gemeindebediensteten bestimmen sich, soweit dieses Gesetzt nichts anderes besagt, nach den allgemeinen Vorschriften für den öffentlichen Dienst. Die Besoldung der Gemeindebeamten soll derjenigen der vergleichbaren Staatsbeamten entsprechen; die nähere Regelung bleibt einem besonderen Gesetz vorbehalten.

ZWEITER ABSCHNITT: Gemeindevertretung, Gemeindevorstand

ERSTER TITEL: Gemeindevertretung

§ 49 Zusammensetzung und Bezeichnung

Die Gemeindevertretung besteht aus den Gemeindevertretern. In den Städten führen die Gemeindevertreter die Bezeichnung Stadtverordneter und der Vorsitzende der Gemeindevertretung die Bezeichnung Stadtverordnetenvorsteher.

§ 50 Aufgaben

(1) Die Gemeindevertretung beschließt über die Angelegenheiten der Gemeinde, soweit sich aus diesem Gesetz nichts anderes ergibt. Sie kann die Beschlußfassung über bestimmte Angelegenheiten oder be-

stimmte Arten von Angelegenheiten auf den Gemeindevorstand oder einen Ausschuß übertragen. Dies gilt jedoch nicht für die in § 51 aufgeführten Angelegenheiten. Die Übertragung bestimmter Arten von Angelegenheiten auf den Gemeindevorstand kann in der Hauptsatzung niedergelegt werden. Die Gemeindevertretung kann Angelegenheiten, deren Beschlußfassung sie auf andere Gemeindeorgane übertragen hat, jederzeit an sich ziehen. Ist die Übertragung in der Hauptsatzung niedergelegt, ist die Vorschrift des § 6 Abs. 2 zu beachten.

(2) Die Gemeindevertretung überwacht die gesamte Verwaltung der Gemeinde und die Geschäftsführung des Gemeindevorstands, insbesondere die Verwendung der Gemeindeeinnahmen. Sie kann zu diesem Zweck in bestimmten Angelegenheiten vom Gemeindevorstand in dessen Amtsräumen Einsicht in die Akten durch einen von ihr gebildeten oder bestimmten Ausschuß fordern. Gemeindevertreter, die von der Beratung oder Entscheidung einer Angelegenheit ausgeschlossen sind (§ 25), haben kein Akteneinsichtsrecht. Die Überwachung erfolgt unbeschadet von Satz 2 durch Ausübung des Fragerechts zu den Tagesordnungspunkten in den Sitzungen der Gemeindevertretung, durch schriftliche Anfragen und auf Grund eines Beschlusses der Gemeindevertretung durch Übersendung von Ergebnisniederschriften der Sitzungen des Gemeindevorstands an den Vorsitzenden der Gemeindevertretung und die Vorsitzenden der Fraktionen.

(3) Der Gemeindevorstand hat die Gemeindevertretung über die wichtigen Verwaltungsangelegenheiten laufend zu unterrichten und ihr wichtige Anordnungen der Aufsichtsbehörde sowie alle Anordnungen, bei denen die Aufsichtsbehörde dies ausdrücklich bestimmt hat, mitzuteilen.

§ 51 Ausschließliche Zuständigkeiten

Die Entscheidung über folgende Angelegenheiten kann die Gemeindevertretung nicht übertragen:

1. die allgemeinen Grundsätze, nach denen die Verwaltung geführt werden soll,
2. die auf Grund der Gesetze von der Gemeindevertretung vorzunehmenden Wahlen,
3. die Verleihung und Aberkennung des Ehrenbürgerrechts und einer Ehrenbezeichnung,

4. die Änderung der Gemeindegrenzen,
5. die Aufstellung von allgemeinen Grundsätzen für die Anstellung, Beförderung, Entlassung und Besoldung der Beamten, Angestellten und Arbeiter der Gemeinde im Rahmen des allgemeinen Beamten- und Arbeitsrechts,
6. den Erlaß, die Änderung und Aufhebung von Satzungen,
7. den Erlaß der Haushaltssatzung und die Festsetzung des Investitionsprogramms,
8. die Zustimmung zu überplanmäßigen und außerplanmäßigen Ausgaben nach näherer Maßgabe des § 100,
9. die Beratung der Jahresrechnung und die Entlastung des Gemeindevorstands,
10. die Festsetzung öffentlicher Abgaben und privatrechtlicher Entgelte, die für größere Teile der Gemeindebevölkerung von Bedeutung sind,
11. die Errichtung, Erweiterung, Übernahme und Veräußerung von öffentlichen Einrichtungen und wirtschaftlichen Unternehmen sowie die Beteiligung an diesen,
12. die Umwandlung der Rechtsform von Eigenbetrieben oder wirtschaftlichen Unternehmen, an denen die Gemeinde beteiligt ist,
13. die Änderung des Zwecks und die Aufhebung einer Stiftung sowie die Entscheidung über den Verbleib des Stiftungsvermögens,
14. die Umwandlung von Gemeindegliedervermögen oder Gemeindegliederklassenvermögen in freies Gemeindevermögen sowie die Veränderung der Nutzungsrechte am Gemeindegliedervermögen oder Gemeindegliederklassenvermögen,
15. die Aufnahme von Krediten, die Übernahme von Bürgschaften, den Abschluß von Gewährverträgen und die Bestellung anderer Sicherheiten für Dritte sowie solche Rechtsgeschäfte, die den vorgenannten wirtschaftlich gleichkommen,
16. die Zustimmung zur Bestellung des Leiters des Rechnungsprüfungsamts sowie die Erweiterung der Aufgaben des Rechnungsprüfungsamts über die in § 131 genannten hinaus,
17. die Genehmigung der Verträge von Mitgliedern des Gemeindevor-

stands oder von Gemeindevertretern mit der Gemeinde im Falle des § 77 Abs. 2,

18. die Führung eines Rechtsstreits von größerer Bedeutung und den Abschluß von Vergleichen, soweit es sich nicht um Geschäfte der laufenden Verwaltung handelt,

19. die Übernahme neuer Aufgaben, für die keine gesetzliche Verpflichtung besteht.

§ 52 Öffentlichkeit

(1) Die Gemeindevertretung faßt ihre Beschlüsse in öffentlichen Sitzungen. Sie kann für einzelne Angelegenheiten die Öffentlichkeit ausschließen. Anträge auf Ausschluß der Öffentlichkeit werden in nichtöffenlicher Sitzung begründet, beraten und entschieden; die Entscheidung kann in öffentlicher Sitzung getroffen werden, wenn keine besondere Begründung oder Beratung erforderlich ist.

(2) Beschlüsse, welche in nichtöffentlicher Sitzung gefaßt worden sind, sollen, soweit dies angängig ist, nach Wiederherstellung der Öffentlichkeit bekanntgegeben werden.

§ 53 Beschlußfähigkeit

(1) Die Gemeindevertretung ist beschlußfähig, wenn mehr als die Hälfte der gesetzlichen Zahl der Gemeindevertreter anwesend ist. Der Vorsitzende stellt die Beschlußfähigkeit bei Beginn der Sitzung fest; die Beschlußfähigkeit gilt so lange als vorhanden, bis das Gegenteil auf Antrag festgestellt wird.

(2) Ist eine Angelegenheit wegen Beschlußfähigkeit der Gemeindevertretung zurückgestellt worden und tritt die Gemeindevertretung zur Verhandlung über denselben Gegenstand zum zweitenmal zusammen, ist sie ohne Rücksicht auf die Zahl der Erschienenen beschlußfähig. In der Ladung zur zweiten Sitzung muß auf diese Bestimmung ausdrücklich hingewiesen werden.

(3) Besteht bei mehr als der Hälfte der Gemeindevertreter ein gesetzlicher Grund, der ihrer Anwesenheit entgegensteht, so ist die Gemeindevertretung ohne Rücksicht auf die Zahl der anwesenden Gemeindevertreter beschlußfähig; ihre Beschlüsse bedürfen in diesem Fall der Genehmigung der Aufsichtsbehörde.

§ 54 Abstimmung

(1) Beschlüsse werden, soweit gesetzlich nichts anderes bestimmt ist, mit der Mehrheit der abgegebenen Stimmen gefaßt. Bei Stimmengleichheit ist ein Antrag abgelehnt. Stimmenthaltungen und ungültige Stimmen zählen zur Berechnung der Mehrheit nicht mit.

(2) Geheime Abstimmung ist unzulässig; § 40 Abs. 1 Satz 2 und § 55 Abs. 3 bleiben unberührt.

§ 55 Wahlen

(1) Sind mehrere gleichartige unbesoldete Stellen zu besetzen, wird in einem Wahlgang nach den Grundsätzen der Verhältniswahl, im übrigen für jede zu besetzende Stelle in einem besonderen Wahlgang nach Stimmenmehrheit gewählt. Die Stellen von ehrenamtlichen Beigeordneten sind gleichartige Stellen im Sinne von Satz 1; wird die Stelle des Ersten Beigeordneten ehrenamtlich verwaltet, so ist Erster Beigeordneter der erste Bewerber desjenigen Wahlvorschlags, der die meisten Stimmen erhalten hat. Wird die Zahl mehrerer gleichartiger unbesoldeter Stellen während der Wahlzeit (§ 36) erhöht, so findet keine neue Wahl statt; die neuen Stellen werden auf der Grundlage einer Neuberechnung der Stellenverteilung unter Berücksichtigung der erhöhten Zahl der Stellen vergeben. Bei Stimmengleichheit entscheidet das vom Vorsitzenden zu ziehende Los.

(2) Haben sich alle Gemeindevertreter bei einer Wahl, die nach den Grundsätzen der Verhältniswahl vorzunehmen wäre, auf einen einheitlichen Wahlvorschlag geeinigt, ist der einstimmige Beschluß der Gemeindevertretung über die Annahme dieses Wahlvorschlags ausreichend; Stimmenthaltungen sind unerheblich. Ehrenamtlicher Erster Beigeordneter ist der erste Bewerber des Wahlvorschlags; bei einer Erhöhung der Zahl der Stellen im Laufe der Wahlzeit rückt der nächste noch nicht berufene Bewerber des Wahlvorschlags nach; im übrigen gilt Abs. 4 entsprechend.

(3) Gewählt wird schriftlich und geheim auf Grund von Wahlvorschlägen aus der Mitte der Gemeindevertretung. Bei Wahlen, die nach Stimmenmehrheit vorzunehmen sind, kann, wenn niemand widerspricht, durch Zuruf oder Handaufheben abgestimmt werden; dies gilt nicht für die Wahl der Bürgermeister und der hauptamtlichen Beigeordneten.

(4) Wird nach den Grundsätzen der Verhältniswahl gewählt, finden für das Wahlverfahren die Vorschriften des Hessischen Kommunalwahlgesetzes (KWG) entsprechend Anwendung; im Falle des § 34 Abs. 1 KWG können die noch wahlberechtigten Unterzeichner des Wahlvorschlags binnen vierzehn Tagen seit Ausscheiden des Vertreters mit einfacher Mehrheit eine andere Reihenfolge beschließen; das gilt auch im Falle des Abs. 1 Satz 3 entsprechend. Die Aufgaben des Wahlleiters werden von dem Vorsitzenden der Gemeindevertretung wahrgenommen.

(5) Wird nach Stimmenmehrheit gewählt, so ist derjenige Bewerber gewählt, für den mehr als die Hälfte der gültigen Stimmen abgegeben ist; Nein-Stimmen gelten als gültige Stimmen, Stimmenthaltungen als ungültige Stimmen. Wird bei einer Wahl mit zwei oder mehr Bewerbern die nach Satz 1 erforderliche Mehrheit im ersten Wahlgang nicht erreicht, so findet ein weiterer Wahlgang statt. Entfallen im ersten Wahlgang auf mehr als zwei Bewerber Stimmen, so erfolgt dieser Wahlgang zwischen den zwei Bewerbern, die im ersten Wahlgang die meisten Stimmen erhalten haben; bei Stimmengleichheit entscheidet das vom Vorsitzenden zu ziehende Los darüber, wer in den weiteren Wahlgang gelangt. Erreicht auch in diesem Wahlgang kein Bewerber die nach Satz 1 erforderliche Mehrheit, so ist gewählt, wer in einem dritten Wahlgang die meisten Stimmen erhält; bei Stimmengleichheit entscheidet das Los. Bei Rücktritt eines Bewerbers in den weiteren Wahlgängen ist der gesamte Wahlvorgang als ergebnislos zu werten. Die Gemeindevertretung kann nach jedem Wahlgang darüber beschließen, ob das Wahlverfahren in einer weiteren Sitzung wiederholt werden soll.

(6) Gegen die Gültigkeit von Wahlen, die von der Gemeindevertretung nach den vorstehenden Vorschriften durchgeführt werden, kann jeder Gemeindevertreter innerhalb eines Monats nach Bekanntgabe des Wahlergebnisses schriftlich oder zur Niederschrift Widerspruch bei dem Vorsitzenden der Gemeindevertretung erheben. Über den Widerspruch entscheidet die Gemeindevertretung. Für das weitere Verfahren gelten die Vorschriften der Verwaltungsgerichtsordnung mit der Maßgabe, daß die Klage gegen die Gemeindevertretung zu richten ist.

§ 56 Einberufung

(1) Die Gemeindevertretung tritt zum erstenmal binnen einem Monat nach der Wahl, im übrigen so oft zusammen, wie es die Geschäfte erfor-

dern, jedoch mindestens alle zwei Monate einmal. Sie muß unverzüglich einberufen werden, wenn es ein Viertel der Gemeindevertreter oder der Gemeindevorstand unter Angabe der zur Verhandlung zu stellenden Gegenstände verlangt und die Verhandlungsgegenstände zur Zuständigkeit der Gemeindevertretung gehören; die Gemeindevertreter haben eigenhändig zu unterzeichnen.

(2) Die Ladung zur ersten Sitzung der Gemeindevertretung nach der Wahl erfolgt durch den Bürgermeister.

§ 57 Vorsitzender

(1) Die Gemeindevertretung wählt in der ersten Sitzung nach der Wahl aus ihrer Mitte einen Vorsitzenden und einen oder mehrere Vertreter. Die Zahl der Vertreter bestimmt die Hauptsatzung. Bis zur Wahl des Vorsitzenden führt das an Jahren älteste Mitglied der Gemeindevertretung den Vorsitz.

(2) Das Amt des Vorsitzenden endet, wenn es die Gemeindevertretung mit einer Mehrheit von mindestens zwei Dritteln der gesetzlichen Zahl der Gemeindevertreter beschließt. Das gleiche gilt für seine Vertreter.

§ 58 Aufgaben des Vorsitzenden

(1) Der Vorsitzende beruft die Gemeindevertreter zu den Sitzungen der Gemeindevertretung schriftlich unter Angabe der Gegenstände der Verhandlung. Zwischen dem Zugang der Ladung und dem Sitzungstag müssen mindestens drei Tage liegen. In eiligen Fällen kann der Vorsitzende die Ladungsfrist abkürzen, jedoch muß die Ladung spätestens am Tage vor der Sitzung zugehen. Hierauf muß in der Einberufung ausdrücklich hingewiesen werden. Im Falle des § 53 Abs. 2 muß die Ladungsfrist mindestens einen Tag betragen.

(2) Über Angelegenheiten, die nicht auf der Einladung zu der Sitzung verzeichnet sind, kann nur verhandelt und beschlossen werden, wenn zwei Drittel der gesetzlichen Zahl der Gemeindevertreter dem zustimmen.

(3) Bei Wahlen (§ 55), der Beschlußfassung über die Hauptsatzung und ihre Änderung (§ 6) müssen zwischen dem Zugang der Ladung und dem Sitzungstag stets mindestens drei Tage liegen.

(4) Der Vorsitzende leitet die Verhandlungen der Gemeindevertretung, der handhabt die Ordnung in den Sitzungen und übt das Hausrecht. Er führt die Beschlüsse der Gemeindevertretung aus, welche die innere Ordnung der Gemeindevertretung betreffen.

(5) Die Tagesordnung und der Zeitpunkt der Sitzung werden von dem Vorsitzenden im Benehmen mit dem Gemeindevorstand festgesetzt. Unter den Voraussetzungen des § 56 Abs. 1 Satz 2 ist der Vorsitzende verpflichtet, die zur Verhandlung zu stellenden Gegenstände bei der Aufstellung der Tagesordnung zu berücksichtigen.

(6) Zeit, Ort und Tagesordnung der Sitzungen der Gemeindevertretung sind vor der Sitzung öffentlich bekanntzumachen.

(7) Der Vorsitzende vertritt die Gemeindevertretung in den von ihr betriebenen oder gegen sie gerichteten Verfahren, wenn die Gemeindevertretung nicht aus ihrer Mitte einen oder mehrere Beauftragte bestellt.

§ 59 Teilnahme des Gemeindevorstands

Der Gemeindevorstand nimmt an den Sitzungen der Gemeindevertretung teil. Er muß jederzeit zu dem Gegenstand der Verhandlung gehört werden. Er ist verpflichtet, der Gemeindevertretung auf Anfordern Auskünfte zu den Beratungsgegenständen zu erteilen.

§ 60 Aufrechterhaltung der Sitzungsordnung

(1) Die Gemeindevertretung regelt ihre inneren Angelegenheiten, wie die Aufrechterhaltung der Ordnung, die Form der Ladung, die Sitz- und Abstimmungsordnung, durch eine Geschäftsordnung. Die Geschäftsordnung kann für Zuwiderhandlungen gegen ihre Bestimmungen Geldbußen bis zum Betrage von einhundert Deutsche Mark, bei mehrmals wiederholten Zuwiderhandlungen, insbesondere bei wiederholtem ungerechtfertigtem Fernbleiben, den Ausschluß auf Zeit, längstens für drei Monate, vorsehen. Über diese Maßnahmen entscheidet die Gemeindevertretung.

(2) Bei ungebührlichem oder wiederholtem ordnungswidrigem Verhalten kann der Vorsitzende ein Mitglied der Gemeindevertretung für einen oder mehrere, höchstens drei Sitzungstage ausschließen. Gegen den Ausschluß kann die Entscheidung der Gemeindevertretung angerufen werden; diese ist spätestens in der nächsten Sitzung zu treffen. Weitere Maßnahmen auf Grund der Geschäftsordnung bleiben unberührt.

§ 61 Niederschrift

(1) Über den wesentlichen Inhalt der Verhandlungen der Gemeindevertretung ist eine Niederschrift zu fertigen. Aus der Niederschrift muß ersichtlich sein, wer in der Sitzung anwesend war, welche Gegenstände verhandelt, welche Beschlüsse gefaßt und welche Wahlen vollzogen worden sind. Die Abstimmungs- und Wahlergebnisse sind festzuhalten. Jedes Mitglied der Gemeindevertretung kann verlangen, daß seine Abstimmung in der Niederschrift festgehalten wird.

(2) Die Niederschrift ist von dem Vorsitzenden, zwei Gemeindevertretern und dem Schriftführer zu unterzeichnen. Zu Schriftführern können Gemeindevertreter oder Gemeindebedienstete – und zwar auch solche, die ihren Wohnsitz nicht in der Gemeinde haben – oder Bürger gewählt werden.

(3) Die Niederschrift ist innerhalb eines in der Geschäftsordnung festzulegenden Zeitraumes offenzulegen. Die Geschäftsordnung kann neben der Offenlegung die Übersendung von Abschriften der Niederschrift an alle Gemeindevertreter vorsehen. Über Einwendungen gegen die Niederschrift entscheidet die Gemeindevertretung.

§ 62 Ausschüsse

(1) Die Gemeindevertretung kann zur Vorbereitung ihrer Beschlüsse Ausschüsse aus ihrer Mitte bilden und Aufgaben, Mitgliederzahl und Besetzung der Ausschüsse bestimmen. Ein Finanzausschuß ist zu bilden. Die Gemeindevertretung kann unbeschadet des § 51 bestimmte Angelegenheiten oder bestimmte Arten von Angelegenheiten den Ausschüssen widerruflich zur endgültigen Beschlußfassung übertragen. Die Ausschüsse haben über ihre Tätigkeit in der Gemeindevertretung Bericht zu erstatten. Die Gemeindevertretung kann jederzeit Ausschüsse auflösen und neu bilden.

(2) An Stelle der Wahl der Ausschußmitglieder (§ 55) kann die Gemeindevertretung beschließen, daß sich alle oder einzelne Ausschüsse nach dem Stärkeverhältnis der Fraktionen zusammensetzen; § 22 Abs. 3 und 4 des Hessischen Kommunalwahlgesetzes gilt entsprechend. In diesem Fall werden die Ausschußmitglieder dem Vorsitzenden der Gemeindevertretung, nach der Konstituierung eines Ausschusses auch dessen Vorsitzenden, von den Fraktionen schriftlich benannt; der Vorsitzende der

Gemeindevertretung gibt der Gemeindevertretung die Zusammensetzung der Ausschüsse schriftlich bekannt. Die Mitglieder der Ausschüsse können sich im Einzelfall durch andere Gemeindevertreter vertreten lassen.

(3) Die Ladung zur ersten Sitzung eines Ausschusses nach seiner Bildung erfolgt durch den Vorsitzenden der Gemeindevertretung. Die Ausschüsse wählen aus ihrer Mitte ihre Vorsitzenden und deren Stellvertreter.

(4) Der Vorsitzende der Gemeindevertretung und seine Stellvertreter sind berechtigt, an allen Ausschußsitzungen mit beratender Stimme teilzunehmen. Fraktionen, auf die bei der Besetzung eines Ausschusses kein Sitz entfallen ist, sind berechtigt, für diesen Ausschuß einen Gemeindevertreter mit beratender Stimme zu entsenden. Sonstige Gemeindevertreter können auch an nichtöffentlichen Sitzungen als Zuhörer teilnehmen.

(5) Für den Geschäftsgang eines Ausschusses gelten sinngemäß die Vorschriften der §§ 52 bis 55, § 58 Abs. 1 bis 4, Abs. 5 Satz 1 mit der Maßgabe, daß das Benehmen auch mit dem Vorsitzenden der Gemeindevertretung herzustellen ist, Abs. 6 und der §§ 59 bis 61. Im übrigen bleiben das Verfahren und die innere Ordnung der Ausschüsse der Regelung durch die Geschäftsordnung der Gemeindevertretung vorbehalten.

(6) Die Ausschüsse können Vertreter derjenigen Bevölkerungsgruppen, die von ihrer Entscheidung vorwiegend betroffen werden, und Sachverständige zu den Beratungen zuziehen.

§ 63 Beanstandung der Beschlüsse der Gemeindevertretung

(1) Der Gemeindevorstand hat einem Beschluß der Gemeindevertretung innerhalb eines Monats zu widersprechen, wenn der Beschluß das Recht verletzt oder das Wohl der Gemeinde gefährdet. Der Widerspruch hat aufschiebende Wirkung, über die strittige Angelegenheit ist in einer neuen Sitzung der Gemeindevertretung, die mindestens drei Tage nach der ersten liegen muß, nochmals zu beschließen.

(2) Verletzt auch der neue Beschluß das Recht, hat der Gemeindevorstand ihn innerhalb eines Monats zu beanstanden; die Beanstandung ist schriftlich zu begründen. Sie hat aufschiebende Wirkung. Für das weitere

Verfahren gelten die Vorschriften der Verwaltungsgerichtsordnung mit der Maßgabe, daß ein Vorverfahren nicht stattfindet; im verwaltungsgerichtlichen Verfahren haben die Gemeindevertretung und der Gemeindevorstand die Stellung von Verfahrensbeteiligten.

(3) Der Gemeindevorstand hat, wenn der Beschluß eines Ausschusses im Falle des § 62 Abs. 1 Satz 3 das Recht verletzt oder das Wohl der Gemeinde gefährdet, innerhalb eines Monats die Entscheidung der Gemeindevertretung anzurufen.

§ 64 (weggefallen)

ZWEITER TITEL: Gemeindevorstand

§ 65 Zusammensetzung

(1) Der Gemeindevorstand besteht aus dem Bürgermeister als Vorsitzenden, dem Ersten Beigeordneten und weiteren Beigeordneten.

(2) Die Mitglieder des Gemeindevorstands dürfen nicht gleichzeitig Gemeindevertreter sein. Das gilt nicht für die Mitglieder des Gemeindevorstands, die gemäß § 41 die Amtsgeschäfte weiterführen.

§ 66 Aufgaben des Gemeindevorstands

(1) Der Gemeindevorstand ist die Verwaltungsbehörde der Gemeinde. Er besorgt nach den Beschlüssen der Gemeindevertretung im Rahmen der bereitgestellten Mittel die laufende Verwaltung der Gemeinde. Er hat insbesondere

1. die Gesetze und Verordnungen sowie die im Rahmen der Gesetze erlassenen Weisungen der Aufsichtsbehörde auszuführen,
2. die Beschlüsse der Gemeindevertretung vorzubereiten und auszuführen,
3. die ihm nach diesem Gesetz obliegenden und die ihm von der Gemeindevertretung allgemein oder im Einzelfall zugewiesenen Gemeindeangelegenheiten zu erledigen,
4. die öffentlichen Einrichtungen und wirtschaftlichen Betriebe der Gemeinde und das sonstige Gemeindevermögen zu verwalten,

5. die Gemeindeabgaben nach den Gesetzen und nach den Beschlüssen der Gemeindevertretung auf die Verpflichteten zu verteilen und ihre Beitreibung zu bewirken sowie die Einkünfte der Gemeinde einzuziehen,
6. den Haushaltsplan und das Investitionsprogramm aufzustellen, das Kassen- und Rechnungswesen zu überwachen,
7. die Gemeinde zu vertreten, den Schriftwechsel zu führen und die Gemeindeurkunden zu vollziehen.

(2) Der Gemeindevorstand hat die Bürger in geeigneter Weise, insbesondere durch öffentliche Rechenschaftsberichte, über wichtige Fragen der Gemeindeverwaltung zu unterrichten und das Interesse der Bürger an der Selbstverwaltung zu pflegen.

§ 67 Beschlußfassung

(1) Der Gemeindevorstand faßt seine Beschlüsse in Sitzungen, die in der Regel nicht öffentlich sind. In einfachen Angelegenheiten können die Beschlüsse im Umlaufverfahren gefaßt werden, wenn niemand widerspricht.

(2) Geheime Abstimmung ist unzulässig; dies gilt auch für Wahlen, es sei denn, daß ein Drittel der Mitglieder des Gemeindevorstands eine geheime Abstimmung verlangt. Im übrigen gilt für die vom Gemeindevorstand vorzunehmenden Wahlen § 55 sinngemäß.

§ 68 Beschlußfähigkeit

(1) Der Gemeindevorstand ist beschlußfähig, wenn mehr als die Hälfte der Mitglieder anwesend ist. Der Vorsitzende stellt die Beschlußfähigkeit bei Beginn der Sitzung fest; die Beschlußfähigkeit gilt so lange als vorhanden, bis das Gegenteil auf Antrag festgestellt wird.

(2) Die Beschlüsse werden mit der Mehrheit der abgegebenen Stimmen gefaßt. Der Vorsitzende nimmt an der Abstimmung teil. Bei Stimmengleichheit gibt seine Stimme den Ausschlag. § 54 Abs. 1 Satz 3 findet Anwendung.

(3) Besteht bei mehr als der Hälfte der Mitglieder des Gemeindevorstands ein gesetzlicher Grund, der ihrer Anwesenheit entgegensteht, so ist der Gemeindevorstand ohne Rücksicht auf die Zahl der anwesenden

Mitglieder beschlußfähig; seine Beschlüsse bedürfen in diesem Fall der Genehmigung der Aufsichtsbehörde.

§ 69 Einberufung

(1) Der Bürgermeister beruft, soweit nicht regelmäßige Sitzungstage festgesetzt sind, den Gemeindevorstand so oft, wie es die Geschäfte erfordern; in der Regel soll jede Woche eine Sitzung stattfinden. Er muß unverzüglich einberufen werden, wenn es ein Viertel der Mitglieder des Gemeindevorstands unter Angabe der zur Verhandlung zu stellenden Gegenstände verlangt und die Verhandlungsgegenstände zur Zuständigkeit des Gemeindevorstands gehören; die Mitglieder des Gemeindevorstands haben eigenhändig zu unterzeichnen.

(2) Die Bestimmungen des § 58 Abs. 1 und 2 und § 61 gelten sinngemäß für die Verhandlungen des Gemeindevorstands; die Niederschrift ist jedoch nur von dem Vorsitzenden und dem Schriftführer zu unterzeichnen.

§ 70 Aufgaben des Bürgermeisters

(1) Der Bürgermeister bereitet die Beschlüsse des Gemeindevorstands vor und führt sie aus, soweit nicht Beigeordnete mit der Ausführung beauftragt sind. Er leitet und beaufsichtigt den Geschäftsgang der gesamten Verwaltung und sorgt für den geregelten Ablauf der Verwaltungsgeschäfte. Er verteilt die Geschäfte unter die Mitglieder des Gemeindevorstands, ausgenommen sind die Arbeitsgebiete, für welche hauptamtliche Beigeordnete von der Gemeindevertretung besonders gewählt sind.

(2) Soweit nicht auf Grund gesetzlicher Vorschrift oder Weisung des Bürgermeisters oder wegen der Bedeutung der Sache der Gemeindevorstand im ganzen zur Entscheidung berufen ist, werden die laufenden Verwaltungsangelegenheiten von dem Bürgermeister und den zuständigen Beigeordneten selbständig erledigt.

(3) Der Bürgermeister kann in dringenden Fällen, wenn die vorherige Entscheidung des Gemeindevorstands nicht eingeholt werden kann, die erforderlichen Maßnahmen von sich aus anordnen. Er hat unverzüglich dem Gemeindevorstand hierüber zu berichten.

§ 71 Vertretung der Gemeinde

(1) Der Gemeindevorstand vertritt die Gemeinde. Erklärungen der Ge-

meinde werden in seinem Namen durch den Bürgermeister oder dessen allgemeinen Vertreter, innerhalb der einzelnen Arbeitsgebiete durch die dafür eingesetzten Beigeordneten abgegeben. Der Gemeindevorstand kann auch andere Gemeindebedienstete mit der Abgabe von Erklärungen beauftragen.

(2) Erklärungen, durch die die Gemeinde verpflichtet werden soll, bedürfen der Schriftform. Sie sind nur rechtsverbindlich, wenn sie vom Bürgermeister oder seinem allgemeinen Vertreter sowie von einem weiteren Mitglied des Gemeindevorstands handschriftlich unterzeichnet und mit dem Dienstsiegel versehen sind. Dies gilt nicht für Geschäfte der laufenden Verwaltung, die für die Gemeinde von nicht erheblicher Bedeutung sind, sowie für Erklärungen, die ein für das Geschäft oder für den Kreis von Geschäften ausdrücklich Beauftragter abgibt, wenn die Vollmacht in der Form nach Satz 1 und 2 erteilt ist.

(3) Bei der Vollziehung von Erklärungen sollen Mitglieder des Gemeindevorstands ihre Amtsbezeichnung, die übrigen mit der Abgabe von Erklärungen beauftragten Gemeindebediensteten einen das Auftragsverhältnis kennzeichnenden Zusatz beifügen.

§ 72 Kommissionen

(1) Der Gemeindevorstand kann zur dauernden Verwaltung oder Beaufsichtigung einzelner Geschäftsbereiche sowie zur Erledigung vorübergehender Aufträge Kommissionen bilden, die ihm unterstehen.

(2) Die Kommissionen bestehen aus dem Bürgermeister, weiteren Mitgliedern des Gemeindevorstands, Mitgliedern der Gemeindevertretung und, falls dies tunlich erscheint, aus sachkundigen Einwohnern. Die weiteren Mitglieder des Gemeindevorstands werden vom Gemeindevorstand, die Mitglieder der Gemeindevertretung und die sachkundigen Einwohner werden von der Gemeindevertretung gewählt, die sachkundigen Einwohner auf Vorschlag der am Geschäftsbereich der Kommission besonders interessierten Berufs- und anderen Vereinigungen oder sonstigen Einrichtungen; § 62 Abs. 2 gilt entsprechend.

(3) Den Vorsitz in den Kommissionen führt der Bürgermeister oder ein von ihm bestimmter Beigeordneter.

(4) Der Gemeindevorstand kann das Verfahren und den Geschäftsgang

der Kommissionen näher regeln. Sind keine abweichenden Bestimmungen getroffen, so gelten die §§ 67 bis 69 entsprechend.

§ 73 Personalangelegenheiten

(1) Der Gemeindevorstand stellt die Gemeindebediensteten an, er befördert und entläßt sie. Der Stellenplan und die von der Gemeindevertretung gegebenen Richtlinien sind dabei einzuhalten; Abweichungen sind nur zulässig, soweit sie auf Grund des Besoldungs- oder Tarifrechts zwingend erforderlich sind. § 39 Abs. 1 und § 130 Abs. 3 bleiben unberührt.

(2) Der Bürgermeister ist Dienstvorgesetzter aller Beamten, Angestellten und Arbeiter der Gemeinde mit Ausnahme der Beigeordneten. Durch Verordnung der Landesregierung wird bestimmt, wer die Obliegenheiten des Dienstvorgesetzten gegenüber dem Bürgermeister und den Beigeordneten wahrnimmt, wer oberste Dienstbehörde und wer Einleitungsbehörde im Sinne des Disziplinarrechts für Gemeindebedienstete ist.

§ 74 Beanstandung

(1) Der Bürgermeister hat einem Beschluß des Gemeindevorstands innerhalb eines Monats zu widersprechen, wenn der Beschluß das Recht verletzt oder das Wohl der Gemeinde gefährdet. Der Widerspruch hat aufschiebende Wirkung; über die strittige Angelegenheit ist in einer neuen Sitzung des Gemeindevorstands nochmals zu beschließen. Findet die Angelegenheit auf diese Weise nicht ihre Erledigung, kann der Bürgermeister innerhalb eines Monats die Entscheidung der Gemeindevertretung anrufen.

(2) Unterläßt es der Gemeindevorstand, einem Beschluß der Gemeindevertretung gemäß § 63 zu widersprechen oder ihn zu beanstanden, hat der Bürgermeister dies innerhalb eines Monats nach Ablauf der Frist des Abs. 1 Satz 1 oder des Abs. 2 Satz 1 dieser Vorschrift zu tun. § 63 findet mit der Maßgabe Anwendung, daß anstelle des Gemeindevorstands der Bürgermeister am verwaltungsgerichtlichen Verfahren beteiligt ist.

§ 75 Erzwingung eines Disziplinarverfahrens durch die Gemeindevertretung

(1) Verletzt ein Bürgermeister oder Beigeordneter seine Amtspflicht gröblich, kann die Gemeindevertretung bei der Einleitungsbehörde die

Einleitung eines förmlichen Disziplinarverfahrens beantragen. Der Beschluß bedarf der Mehrheit der gesetzlichen Zahl der Gemeindevertreter.

(2) Lehnt die Einleitungsbehörde den Antrag ab, kann die Gemeindevertretung binnen einem Monat die Disziplinarkammer anrufen; der Beschluß bedarf der Mehrheit der gesetzlichen Zahl der Gemeindevertreter. Die Disziplinarkammer darf dem Antrag nur stattgeben, wenn das Disziplinarverfahren voraussichtlich zur Entfernung aus dem Dienst führen wird.

(3) Gibt die Disziplinarkammer dem Antrag statt, bewirkt ihre Entscheidung die Einleitung eines förmlichen Disziplinarverfahrens. Sie entscheidet zugleich über die vorläufige Dienstenthebung und über die Einbehaltung von Dienstbezügen.

§ 76 Abberufung

(1) Hauptamtliche Bürgermeister und hauptamtliche Beigeordnete können von der Gemeindevertretung vorzeitig abberufen werden. Der Antrag auf vorzeitige Abberufung kann nur von mindestens der Hälfte der gesetzlichen Zahl der Mitglieder der Gemeindevertretung gestellt werden. Der Beschluß bedarf einer Mehrheit von zwei Dritteln der gesetzlichen Zahl der Mitglieder der Gemeindevertretung. Über die Abberufung ist zweimal zu beraten und abzustimmen. Die zweite Beratung darf frühestens vier Wochen nach der ersten erfolgen. Eine Abkürzung der Ladungsfrist (§ 58 Abs. 1) ist nicht statthaft.

(2) In Gemeinden mit mehr als 50 000 Einwohnern können hauptamtliche Bürgermeister und hauptamtliche Beigeordnete innerhalb von sechs Monaten nach Beginn der Wahlzeit der Gemeindevertretung mit der Mehrheit der gesetzlichen Zahl ihrer Mitglieder vorzeitig abberufen werden. Abs. 1 Satz 4 bis 6 findet Anwendung.

(3) Der Bürgermeister oder Beigeordnete scheidet mit dem Ablauf des Tages, an dem die Abberufung zum zweiten Mal beschlossen wird, aus seinem Amt. Er erhält bis zum Ablauf seiner Amtszeit die Bezüge wie ein in den einstweiligen Ruhestand versetzter Beamter.

§ 77 Ansprüche gegen Mitglieder des Gemeindevorstands, Verträge mit ihnen und mit Gemeindevertretern

(1) Ansprüche der Gemeinde gegen Bürgermeister und Beigeordnete werden von der Gemeindevertretung geltend gemacht.

(2) Verträge der Gemeinde mit Mitgliedern des Gemeindevorstands und mit Gemeindevertretern bedürfen der Genehmigung der Gemeindevertretung, es sei denn, daß es sich um Verträge nach feststehendem Tarif oder um Geschäfte der laufenden Verwaltung handelt, die für die Gemeinde unerheblich sind.

DRITTER ABSCHNITT:

§§ 78 bis 80 (weggefallen)

VIERTER ABSCHNITT: Maßnahmen zur Förderung der Selbstverwaltung

ERSTER TITEL: Förderung der Selbstverwaltung in den Gemeinden

§ 81 Ortsbezirke, Ortsbeiräte

(1) In den Gemeinden können durch Beschluß der Gemeindevertretung Ortsbezirke gebildet werden; bestehende örtliche Gemeinschaften sollen Berücksichtigung finden. Für jeden Ortsbezirk ist ein Ortsbeirat einzurichten. Die Abgrenzung der Ortsbezirke und die Einrichtung von Ortsbeiräten sind in der Hauptsatzung zu regeln; § 6 Abs. 2 Satz 2 findet keine Anwendung. Für die erstmalige Einrichtung eines Ortsbeirats aus Anlaß einer Grenzänderung genügt eine entsprechende Vereinbarung im Grenzänderungsvertrag (§ 18). Ortsbezirksgrenzen können nur zum Ende der Wahlzeit geändert werden.

(2) Ein Ortsbezirk kann frühestens zum Ende der Wahlzeit aufgehoben werden. Der Beschluß bedarf der Mehrheit der gesetzlichen Zahl der Gemeindevertreter und der Zustimmung des Ortsbeirats.

(3) Wird die Gemeindevertretung vorzeitig aufgelöst, endet auch die Wahlzeit des Ortsbeirats.

(4) Das Recht, Außenstellen der Gemeindeverwaltung einzurichten, bleibt unberührt.

§ 82 Wahl und Aufgaben

(1) Die Mitglieder des Ortsbeirats werden von den Bürgern des Ortsbezirks gleichzeitig mit den Gemeindevertretern für die Wahlzeit der Gemeindevertretung gewählt. Die für die Wahl der Gemeindevertreter maßgeblichen Vorschriften gelten sinngemäß mit der Maßgabe, daß die Wahlorgane für die Gemeindevertretung auch für die Wahl der Mitglieder des Ortsbeirats zuständig sind und über die Gültigkeit der Wahl die neugewählte Gemeindevertretung entscheidet. Der Ortsbeirat besteht aus mindestens drei, höchstens neun Mitgliedern, in Ortsbezirken mit mehr als 8000 Einwohnern aus höchstens neunzehn Mitgliedern; das Nähere wird durch die Hauptsatzung bestimmt; § 81 Abs. 1 Satz 4 gilt entsprechend. Die Vorschriften des §§ 37 und 65 Abs. 2 finden sinngemäß Anwendung. Gemeindevertreter, die in dem Ortsbezirk wohnen, dem Ortsbeirat jedoch nicht als ordentliche Mitglieder angehören, können an seinen Sitzungen mit beratender Stimme teilnehmen.

(2) Die Mitglieder des Ortsbeirats sind ehrenamtlich Tätige im Sinne der §§ 24 bis 26 und des § 27; Verwaltungsbehörde im Sinne des § 36 Abs. 1 Nr. 1 des Gesetzes über Ordnungswidrigkeiten ist die Aufsichtsbehörde. § 35 Abs. 1und § 35a gelten entsprechend.

(3) Der Ortsbeirat ist zu allen wichtigen Angelegenheiten, die den Ortsbezirk betreffen, zu hören, insbesondere zum Entwurf des Haushaltsplans. Er hat ein Vorschlagsrecht in allen Angelegenheiten, die den Ortsbezirk angehen. Er hat zu denjenigen Fragen Stellung zu nehmen, die ihm von der Gemeindevertretung oder vom Gemeindevorstand vorgelegt werden.

(4) Die Gemeindevertretung kann dem Ortsbeirat unbeschadet des § 51 und nach Maßgabe des § 62 Abs. 1 Satz 3 bestimmte Angelegenheiten oder bestimmte Arten von Angelegenheiten widerruflich zur endgültigen Entscheidung übertragen, wenn dadurch die Einheit der Verwaltung der Gemeinde nicht gefährdet wird. Dem Ortsbeirat sind die zur Erledigung seiner Aufgaben erforderlichen Mittel zur Verfügung zu stellen.

(5) Der Ortsbeirat wählt in seiner ersten Sitzung nach der Wahl aus seiner Mitte einen Vorsitzenden und einen Stellvertreter. Der Vorsitzende trägt die Bezeichnung Ortsvorsteher. Nach Ablauf der Wahlzeit führt der Ortsvorsteher seine Tätigkeit bis zur Neuwahl des Ortsvorstehers weiter. Dem Ortsvorsteher kann die Leitung der Außenstelle der Gemeindever-

waltung im Ortsbezirk übertragen werden; er ist dann als Ehrenbeamter zu berufen und führt das gemeindliche Dienstsiegel.

(6) Für den Geschäftsgang des Ortsbeirats gelten sinngemäß die Vorschriften des § 8b mit der Maßgabe, daß auch in Gemeinden mit mehr als 100 000 Einwohnern für das Zustandekommen eines Bürgerbegehrens die Unterschriften von mindestens zwanzig vom Hundert der wahlberechtigten Einwohner erforderlich sind, der §§ 52 bis 55, 57 Abs. 2, des § 58 Abs. 1 bis 6, der §§ 61, 62 Abs. 5 Satz 2, Abs. 6 und des § 63 Abs. 3; die Vorschrift des § 56 gilt sinngemäß mit der Maßgabe, daß der neugewählte Ortsbeirat zum erstenmal binnen sechs Wochen nach der Wahl zusammentritt und die Ladung durch den bisherigen Ortsvorsteher erfolgt. Für die erste Sitzung nach der Einrichtung eines Ortsbeirats gelten die Vorschriften des § 56 Abs. 2 und des § 57 Abs. 1 Satz 3 sinngemäß.

(7) Der Gemeindevorstand kann an den Sitzungen des Ortsbeirats teilnehmen, im übrigen gilt § 59 Satz 2 und 3 sinngemäß.

§ 83 (weggefallen)

ZWEITER TITEL

§§ 84 bis 91 (weggefallen)

SECHSTER TEIL: Gemeindewirtschaft

ERSTER ABSCHNITT: Haushaltswirtschaft

§ 92 Allgemeine Haushaltsgrundsätze

(1) Die Gemeinde hat ihre Haushaltswirtschaft so zu planen und zu führen, daß die stetige Erfüllung ihrer Aufgaben gesichert ist. Dabei ist den Erfordernissen des gesamtwirtschaftlichen Gleichgewichts Rechnung zu tragen.

(2) Die Haushaltswirtschaft ist sparsam und wirtschaftlich zu führen.

(3) Der Haushalt soll in jedem Haushaltsjahr ausgeglichen sein.

§ 93 Grundsätze der Einnahmenbeschaffung

(1) Die Gemeinde erhebt Abgaben nach den gesetzlichen Vorschriften.

(2) Die Gemeinde hat die zur Erfüllung ihrer Aufgaben erforderlichen Einnahmen

1. soweit vertretbar und geboten aus Entgelten für ihre Leistungen,

2. im übrigen aus Steuern

zu beschaffen, soweit die sonstigen Einnahmen nicht ausreichen.

(3) Die Gemeinde darf Kredite nur aufnehmen, wenn eine andere Finanzierung nicht möglich ist oder wirtschaftlich unzweckmäßig wäre.

§ 94 Haushaltssatzung

(1) Die Gemeinde hat für jedes Haushaltsjahr eine Haushaltssatzung zu erlassen.

(2) Die Haushaltssatzung enthält die Festsetzung

1. des Haushaltsplans unter Angabe des Gesamtbetrages
   a) der Einnahmen und der Ausgaben des Haushaltsjahres,
   b) der vorgesehenen Kreditaufnahmen (Kreditermächtigung),
   c) der Ermächtigungen zum Eingehen von Verpflichtungen, die künftige Haushaltsjahre mit Ausgaben für Investitionen und Investitionsförderungsmaßnahmen belasten (Verpflichtungsermächtigungen),
2. des Höchstbetrages der Kassenkredite,
3. der Steuersätze, die für jedes Haushaltsjahr festzusetzen sind.

Sie kann weitere Vorschriften enthalten, die sich auf die Einnahmen und Ausgaben und den Stellenplan des Haushaltsjahres beziehen.

(3) Die Haushaltssatzung tritt mit Beginn des Haushaltsjahres in Kraft und gilt für das Haushaltsjahr. Sie kann Festsetzungen für zwei Haushaltsjahre, nach Jahren getrennt, enthalten.

(4) Haushaltsjahr ist das Kalenderjahr, soweit für einzelne Bereiche durch Gesetz oder Rechtsverordnung nichts anderes bestimmt ist.

§ 95 Haushaltsplan

(1) Der Haushaltsplan ist Grundlage für die Haushaltswirtschaft der Gemeinde. Er ist nach Maßgabe dieses Gesetzes und der auf Grund dieses Gesetzes erlassenen Vorschriften für die Haushaltsführung verbindlich.

(2) Der Haushaltsplan enthält alle im Haushaltsjahr für die Erfüllung der Aufgaben der Gemeinde

1. zu erwartenden Einnahmen,
2. voraussichtlich zu leistenden Ausgaben und
3. voraussichtlich benötigte Verpflichtungsermächtigungen.

Die Vorschriften über die Einnahmen, Ausgaben und Verpflichtungsermächtigungen der Sondervermögen der Gemeinde bleiben unberührt.

(3) Der Haushaltsplan ist in einen Verwaltungshaushalt und in einen Vermögenshaushalt zu gliedern. Der Stellenplan für die Beamten, Angestellten und Arbeiter ist Teil des Haushaltsplans.

§ 96 Wirkungen des Haushaltsplans

(1) Der Haushaltsplan ermächtigt den Gemeindevorstand, Ausgaben zu leisten und Verpflichtungen einzugehen.

(2) Durch den Haushaltsplan werden Ansprüche oder Verbindlichkeiten weder begründet noch aufgehoben.

§ 97 Erlaß der Haushaltssatzung

(1) Der Gemeindevorstand stellt den Entwurf der Haushaltssatzung fest und legt ihn der Gemeindevertretung zur Beratung und Beschlußfassung vor. Ist ein Beigeordneter für die Verwaltung des Finanzwesens bestellt, so bereitet er den Entwurf vor. Er ist berechtigt, seine abweichende Stellungnahme zu dem Entwurf des Gemeindevorstands der Gemeindevertretung vorzulegen.

(2) Der Entwurf der Haushaltssatzung mit ihren Anlagen ist unverzüglich nach der Vorlage an die Gemeindevertretung, spätestens am zwölften Tag vor der Beschlußfassung durch die Gemeindevertretung, an sieben Tagen öffentlich auszulegen. Die Auslegung ist vorher öffentlich bekanntzumachen.

(3) Der Entwurf der Haushaltssatzung mit ihren Anlagen wird von der Gemeindevertretung in öffentlicher Sitzung beraten und beschlossen. Er soll vorher in den zuständigen Ausschüssen der Gemeindevertretung eingehend behandelt werden. In der Beratung kann der mit der Verwaltung des Finanzwesens betraute Beigeordnete seine abweichende Auffassung vertreten.

(4) Die von der Gemeindevertretung beschlossene Haushaltssatzung ist mit ihren Anlagen der Aufsichtsbehörde vorzulegen. Die Vorlage soll spätestens einen Monat vor Beginn des Haushaltsjahres erfolgen.

(5) Im Anschluß an die öffentliche Bekanntmachung der Haushaltssatzung ist der Haushaltsplan an sieben Tagen öffentlich auszulegen; in der Bekanntmachung ist auf die Auslegung hinzuweisen. Enthält die Haushaltssatzung genehmigungsbedürftige Teile, so ist sie erst nach der Erteilung der Genehmigung bekanntzumachen.

§ 98 Nachtragssatzung

(1) Die Haushaltssatzung kann nur durch Nachtragssatzung geändert werden, die bis zum Ablauf des Haushaltsjahres zu beschließen ist.

(2) Die Gemeinde hat unverzüglich eine Nachtragssatzung zu erlassen, wenn

1. sich zeigt, daß trotz Ausnutzung jeder Sparmöglichkeit ein erheblicher Fehlbetrag entstehen wird und der Haushaltsausgleich nur durch eine Änderung der Haushaltssatzung erreicht werden kann,
2. bisher nicht veranschlagte oder zusätzliche Ausgaben bei einzelnen Haushaltsstellen in einem im Verhältnis zu den gesamten Ausgaben erheblichen Umfang geleistet werden müssen,
3. Ausgaben für bisher nicht veranschlagte Investitionen oder Investitionsförderungsmaßnahmen geleistet werden sollen,
4. Beamte, Angestellte oder Arbeiter eingestellt, befördert oder in eine höhere Vergütungs- oder Lohngruppe eingestuft werden sollen und der Stellenplan die hierzu notwendigen Stellen nicht enthält.

(3) Abs. 2 Nr. 2 bis 4 findet keine Anwendung auf

1. den Erwerb von beweglichen Sachen des Anlagevermögens und Baumaßnahmen, für die unerhebliche Ausgaben zu leisten sind, sowie auf Instandsetzungen an Bauten und Anlagen, die unabweisbar sind,

2. Abweichungen vom Stellenplan und die Leistung höherer Personalausgaben, soweit sie auf Grund des Besoldungs- oder Tarifrechts zwingend erforderlich sind.

(4) Im übrigen gilt § 97 entsprechend.

§ 99 Vorläufige Haushaltsführung

(1) Ist die Haushaltssatzung bei Beginn des Haushaltsjahres noch nicht bekanntgemacht, so darf die Gemeinde

1. die Ausgaben leisten, zu deren Leistung sie rechtlich verpflichtet ist oder die für die Weiterführung notwendiger Aufgaben unaufschiebbar sind; sie darf insbesondere Bauten, Beschaffungen und sonstige Leistungen des Vermögenshaushalts fortsetzen, für die im Haushaltsplan eines Vorjahres Beträge vorgesehen waren,
2. die Steuern, deren Sätze für jedes Haushaltsjahr festzusetzen sind, nach den Sätzen des Vorjahres erheben.

(2) Reichen die Deckungsmittel für die Fortsetzung der Bauten, der Beschaffungen und der sonstigen Leistungen des Vermögenshaushalts nach Abs. 1 Nr. 1 nicht aus, so darf die Gemeinde mit Genehmigung der Aufsichtsbehörde Kredite bis zu einem Viertel der in der Haushaltssatzung des Vorjahres festgesetzen Kredite aufnehmen. § 103 Abs. 2 Satz 2 und 3 und Abs. 6 gilt entsprechend.

(3) Der Stellenplan des Vorjahres gilt weiter, bis die Haushaltssatzung für das neue Haushaltsjahr bekanntgemacht ist.

§ 100 Überplanmäßige und außerplanmäßige Ausgaben

(1) Überplanmäßige und außerplanmäßige Ausgaben sind nur zulässig, wenn sie unvorhergesehen und unabweisbar sind und die Deckung gewährleistet ist. Über die Leistung dieser Ausgaben entscheidet der Gemeindevorstand, soweit die Gemeindevertretung keine andere Regelung trifft. Sind die Ausgaben nach Umfang oder Bedeutung erheblich, bedürfen sie der vorherigen Zustimmung der Gemeindevertretung; im übrigen ist der Gemeindevertretung davon alsbald Kenntnis zu geben.

(2) Für Investitionen und Investitionsförderungsmaßnahmen, die im folgenden Jahr fortgesetzt werden, sind überplanmäßige Ausgaben auch dann zulässig, wenn ihre Deckung im laufenden Jahr nur durch Erlaß

einer Nachtragssatzung möglich wäre, die Deckung aber im folgenden Jahr gewährleistet ist. Abs. 1 Satz 2 und 3 gilt entsprechend.

(3) Die Abs. 1 und 2 gelten auch für Maßnahmen, durch die überplanmäßige oder außerplanmäßige Ausgaben entstehen können.

(4) § 98 Abs. 2 bleibt unberührt.

§ 101 Finanzplanung

(1) Die Gemeinde hat ihrer Haushaltswirtschaft eine fünfjährige Finanzplanung zugrunde zu legen. Das erste Planungsjahr der Finanzplanung ist das laufende Haushaltsjahr.

(2) Im Finanzplan sind Umfang und Zusammensetzung der voraussichtlichen Ausgaben und die Deckungsmöglichkeiten darzustellen. Der Minister des Innern hat hierzu im Einvernehmen mit dem Minister der Finanzen rechtzeitig Orientierungsdaten bekanntzugeben.

(3) Als Grundlage für die Finanzplanung stellt der Gemeindevorstand den Entwurf eines Investitionsprogramms auf. Das Investitionsprogramm wird von der Gemeindevertretung beschlossen. Ist ein Beigeordneter für die Verwaltung des Finanzwesens bestellt, so bereitet er den Entwurf vor. Er ist berechtigt, seine abweichende Stellungnahme zu dem Entwurf des Gemeindevorstands der Gemeindevertretung vorzulegen.

(4) Der Finanzplan ist der Gemeindevertretung spätestens mit dem Entwurf der Haushaltssatzung zur Unterrichtung vorzulegen.

(5) Der Finanzplan und das Investitionsprogramm sind jährlich der Entwicklung anzupassen und fortzuführen.

(6) Die Gemeinde soll rechtzeitig geeignete Maßnahmen treffen, die nach der Finanzplanung erforderlich sind, um eine geordnete Haushaltsentwicklung unter Berücksichtigung ihrer voraussichtlichen Leistungsfähigkeit in den einzelnen Planungsjahren zu sichern.

§ 102 Verpflichtungsermächtigungen

(1) Verpflichtungen zur Leistung von Ausgaben in künftigen Jahren für Investitionen und Investitionsförderungsmaßnahmen dürfen nur eingegangen werden, wenn der Haushaltsplan hierzu ermächtigt.

(2) Verpflichtungsermächtigungen dürfen in der Regel nur zu Lasten der

dem Haushaltsjahr folgenden drei Jahre veranschlagt werden, in Ausnahmefällen bis zum Abschluß einer Maßnahme; sie sind nur zulässig, wenn die Finanzierung der aus ihrer Inanspruchnahme entstehenden Ausgaben in den künftigen Haushalten gesichert erscheint.

(3) Verpflichtungsermächtigungen gelten bis zum Ende des Haushaltsjahres und, wenn die Haushaltssatzung für das folgende Haushaltsjahr nicht rechtzeitig öffentlich bekanntgemacht wird, bis zur Bekanntmachung dieser Haushaltssatzung.

(4) Der Gesamtbetrag der Verpflichtungsermächtigungen bedarf im Rahmen der Haushaltssatzung der Genehmigung der Aufsichtsbehörde, wenn in den Jahren, zu deren Lasten sie veranschlagt sind, Kreditaufnahmen vorgesehen sind. § 103 Abs. 2 Satz 2 und 3 gilt entsprechend.

§ 103 Kredite

(1) Kredite dürfen unbeschadet des § 93 Abs. 3 nur im Vermögenshaushalt und nur für Investitionen, Investitionsförderungsmaßnahmen und zur Umschuldung aufgenommen werden.

(2) Der Gesamtbetrag der vorgesehenen Kreditaufnahmen bedarf im Rahmen der Haushaltssatzung der Genehmigung der Aufsichtsbehörde (Gesamtgenehmigung). Die Genehmigung soll nach den Grundsätzen einer geordneten Haushaltswirtschaft erteilt oder versagt werden; sie kann unter Bedingungen erteilt und mit Auflagen verbunden werden. Die Genehmigung ist in der Regel zu versagen, wenn festgestellt wird, daß die Kreditverpflichtungen nicht mit der dauernden Leistungsfähigkeit der Gemeinde im Einklang stehen.

(3) Die Kreditermächtigung gilt bis zum Ende des auf das Haushaltsjahr folgenden Jahres und, wenn die Haushaltssatzung für das übernächste Jahr nicht rechtzeitig bekanntgemacht wird, bis zur Bekanntmachung dieser Haushaltssatzung.

(4) Die Aufnahme der einzelnen Kredite, deren Gesamtbetrag nach Abs. 2 genehmigt worden ist, bedarf der Genehmigung der Aufsichtsbehörde (Einzelgenehmigung),

1. wenn die Kreditaufnahmen nach § 19 des Gesetzes zur Förderung der Stabilität und des Wachstums der Wirtschaft vom 8. Juni 1967 beschränkt worden sind,

2. wenn sich die Aufsichtsbehörde dies im Einzelfall wegen der Gefährdung der dauernden Leistungsfähigkeit der Gemeinde in der Gesamtgenehmigung vorbehalten hat.

Im Fall der Nr. 1 kann die Genehmigung nur nach Maßgabe der Kreditbeschränkungen versagt werden.

(5) Der Minister des Innern kann im Einvernehmen mit dem Minister der Finanzen durch Rechtsverordnung regeln, daß die Aufnahme von Krediten von der Genehmigung (Einzelgenehmigung) der Aufsichtsbehörde abhängig gemacht wird mit der Maßgabe, daß die Genehmigung versagt werden kann, wenn die Kreditbedingungen die Entwicklung am Kreditmarkt ungünstig beeinflussen oder die Versorgung der Gemeinden mit Krediten zu wirtschaftlich vertretbaren Bedingungen stören könnten. Eine Rechtsverordnung nach Satz 1 ist unverzüglich nach ihrer Verkündung dem Landtag mitzuteilen. Sie ist aufzuheben, wenn es der Landtag verlangt.

(6) Die Aufnahme eines vom Lande Hessen gewährten Kredits bedarf keiner Einzelgenehmigung, wenn an der Bewilligung der Minister des Innern beteiligt ist.

(7) Die Begründung einer Zahlungsverpflichtung, die wirtschaftlich einer Kreditverpflichtung gleichkommt, bedarf der Genehmigung der Aufsichtsbehörde. Abs. 2 Satz 2 und 3 und Abs. 6 gelten sinngemäß. Eine Genehmigung ist nicht erforderlich für die Begründung von Zahlungsverpflichtungen im Rahmen der laufenden Verwaltung.

(8) Die Gemeinde darf zur Sicherung des Kredits oder einer Zahlungsverpflichtung nach Abs. 7 keine Sicherheiten bestellen. Die Aufsichtsbehörde kann Ausnahmen zulassen, wenn die Bestellung von Sicherheiten der Verkehrsübung entspricht.

§ 104 Sicherheiten und Gewährleistung für Dritte

(1) Die Gemeinde darf keine Sicherheiten zugunsten Dritter bestellen. Die Aufsichtsbehörde kann Ausnahmen zulassen.

(2) Die Gemeinde darf Bürgschaften und Verpflichtungen aus Gewährverträgen nur im Rahmen der Erfüllung ihrer Aufgaben übernehmen. Die Rechtsgeschäfte bedürfen der Genehmigung der Aufsichtsbehörde, soweit sie nicht im Rahmen der laufenden Verwaltung abgeschlossen werden; § 103 Abs. 2 Satz 2 und 3 gilt entsprechend.

(3) Abs. 2 gilt sinngemäß für Rechtsgeschäfte, die den im Abs. 2 genannten Rechtsgeschäften wirtschaftlich gleichkommen, insbesondere für die Zustimmung zu Rechtsgeschäften Dritter, aus denen der Gemeinde in künftigen Haushaltsjahren Verpflichtungen zur Leistung von Ausgaben erwachsen können.

(4) Die oberste Aufsichtsbehörde kann die Genehmigung allgemein erteilen, insbesondere für Rechtsgeschäfte, die

1. von der Gemeinde zur Förderung des Städte- und Wohnungsbaus abgeschlossen werden,
2. für den Haushalt der Gemeinde keine besondere Belastung bedeuten.

§ 105 Kassenkredite

(1) Zur rechtzeitigen Leistung ihrer Ausgaben kann die Gemeinde Kassenkredite bis zu dem in der Haushaltssatzung festgesetzten Höchstbetrag aufnehmen, soweit für die Kasse keine anderen Mittel zur Verfügung stehen. Diese Ermächtigung gilt über das Haushaltsjahr hinaus bis zur Bekanntmachung der neuen Haushaltssatzung.

(2) Der in der Haushaltssatzung festgesetzte Höchstbetrag bedarf der Genehmigung durch die Aufsichtsbehörde, wenn er ein Fünftel der im Verwaltungshaushalt veranschlagten Einnahmen übersteigt.

§ 106 Rücklagen

Die Gemeinde hat zur Sicherung der Haushaltswirtschaft und für Zwecke des Vermögenshaushalts Rücklagen in angemessener Höhe zu bilden. Rücklagen für andere Zwecke sind zulässig. Die Bildung von Rücklagen darf, soweit nicht etwas anderes bestimmt ist, nur unterbleiben, wenn andernfalls der Ausgleich des Haushalts gefährdet wäre.

§ 107 Haushaltswirtschaftliche Sperre

Wenn die Entwicklung der Einnahmen oder Ausgaben es erfordert, kann der Gemeindevorstand es von seiner Einwilligung abhängig machen, ob Verpflichtungen eingegangen oder Ausgaben geleistet werden.

§ 108 Erwerb und Verwaltung von Vermögen

(1) Die Gemeinde soll Vermögensgegenstände nur erwerben, soweit dies zur Erfüllung ihrer Aufgaben in absehbarer Zeit erforderlich ist.

(2) Die Vermögensgegenstände sind pfleglich und wirtschaftlich zu verwalten und ordnungsgemäß nachzuweisen. Bei Geldanlagen ist auf eine ausreichende Sicherheit zu achten; sie sollen einen angemessenen Ertrag bringen.

§ 109 Veräußerung von Vermögen

(1) Die Gemeinde darf Vermögensgegenstände, die sie zur Erfüllung ihrer Aufgaben in absehbarer Zeit nicht braucht, veräußern. Vermögensgegenstände dürfen in der Regel nur zu ihrem vollen Wert veräußert werden.

(2) Abs. 1 gilt sinngemäß für die Überlassung der Nutzung eines Vermögensgegenstandes.

(3) Die Gemeinde bedarf der Genehmigung der Aufsichtsbehörde, wenn sie

1. Vermögensgegenstände unentgeltlich veräußert, soweit die Veräußerung nicht zur Erfüllung herkömmlicher Anstandspflichten erforderlich ist,
2. Grundstücke und grundstücksgleiche Rechte verkauft oder tauscht,
3. Rechtsgeschäfte, die den in Nr. 2 genannten Rechtsgeschäften wirtschaftlich gleichkommen, abschließt,
4. über Sachen, die einen besonderen wissenschaftlichen, geschichtlichen oder künstlerischen Wert haben, verfügt oder solche Sachen wesentlich verändert.

(4) Der Minister des Innern kann durch Rechtsverordnung Rechtsgeschäfte von der Genehmigungspflicht nach Abs. 3 freistellen, wenn sie zur Erfüllung bestimmter Aufgaben abgeschlossen werden oder regelmäßig wiederkehren oder wenn bestimmte Wertgrenzen oder Grundstücksgrößen nicht überschritten werden.

§ 110 Gemeindekasse

(1) Die Gemeindekasse erledigt alle Kassengeschäfte der Gemeinde; § 117 bleibt unberührt. Die Buchführung kann von den Kassengeschäften abgetrennt werden.

(2) Die Gemeinde hat, wenn sie ihre Kassengeschäfte nicht durch eine

Stelle außerhalb der Gemeindeverwaltung besorgen läßt, einen Kassenverwalter und einen Stellvertreter zu bestellen.

(3) Der Kassenverwalter und sein Stellvertreter können hauptamtlich oder ehrenamtlich angestellt werden. Die anordnungsbefugten Gemeindebediensteten sowie der Leiter und die Prüfer des Rechnungsprüfungsamts können nicht gleichzeitig die Aufgaben eines Kassenverwalters oder seines Vertreters wahrnehmen.

(4) Der Kassenverwalter und sein Stellvertreter dürfen miteinander oder mit dem Bürgermeister, den Beigeordneten sowie dem Leiter und den Prüfern des Rechnungsprüfungsamts nicht bis zum dritten Grade verwandt oder bis zum zweiten Grade verschwägert oder durch Ehe verbunden sein. § 43 Abs. 2 Satz 2 und 3 gilt sinngemäß.

(5) Der Kassenverwalter, sein Stellvertreter und die anderen in der Gemeindekasse beschäftigten Bediensteten sind nicht befugt, Zahlungen anzuordnen.

§ 111 Übertragung von Kassengeschäften, Automation

(1) Die Gemeinde kann mit Genehmigung der Aufsichtsbehörde die Kassengeschäfte ganz oder teilweise von einer Stelle außerhalb der Gemeindeverwaltung besorgen lassen, wenn die ordnungsgemäße Erledigung und die Prüfung nach den für die Gemeinde geltenden Vorschriften gewährleistet sind. Die Vorschriften des Gesetzes über kommunale Gemeinschaftsarbeit bleiben unberührt.

(2) Werden die Kassengeschäfte ganz oder teilweise unter Einsatz automatischer Datenverarbeitungsanlagen erledigt, so ist den für die Prüfung zuständigen Stellen Gelegenheit zu geben, die Verfahren vor ihrer Anwendung zu prüfen.

(3) Die Übertragung von Kassengeschäften an die Hessische Zentrale für Datenverarbeitung oder an ein Kommunales Gebietsrechenzentrum bedarf keiner Genehmigung.

§ 112 Jahresrechnung

(1) In der Jahresrechnung ist das Ergebnis der Haushaltswirtschaft einschließlich des Standes des Vermögens und der Schulden zu Beginn und am Ende des Haushaltsjahres nachzuweisen. Die Jahresrechnung ist durch einen Bericht zu erläutern.

(2) Der Gemeindevorstand soll die Jahresrechnung innerhalb von vier Monaten nach Ablauf des Haushaltsjahres aufstellen.

§ 113 Vorlage an Gemeindevertretung

Nach Abschluß der Prüfung durch das Rechnungsprüfungsamt (§ 128) legt der Gemeindevorstand die Rechnung mit dem Schlußbericht des Rechnungsprüfungsamts der Gemeindevertretung zur Beratung und Beschlußfassung vor.

§ 114 Entlastung

(1) Die Gemeindevertretung beschließt über die vom Rechnungsprüfungsamt geprüfte Jahresrechnung bis spätestens 31. Dezember des zweiten auf das Haushaltsjahr folgenden Jahres und entscheidet zugleich über die Entlastung des Gemeindevorstands. Verweigert die Gemeindevertretung die Entlastung oder spricht sie die Entlastung mit Einschränkungen aus, so hat sie dafür die Gründe anzugeben.

(2) Der Beschluß über die Jahresrechnung und die Entlastung ist der Aufsichtsbehörde unverzüglich mitzuteilen und öffentlich bekanntzumachen. Im Anschluß an die Bekanntmachung ist die Jahresrechnung mit Erläuterungsbericht an sieben Tagen öffentlich auszulegen; in der Bekanntmachung ist auf die Auslegung hinzuweisen.

ZWEITER ABSCHNITT: Sondervermögen, Treuhandvermögen

§ 115 Sondervermögen

(1) Sondervermögen der Gemeinde sind

1. das Gemeindegliedervermögen und das Gemeindegliederklassenvermögen (§ 119),
2. das Vermögen der rechtlich unselbständigen örtlichen Stiftungen,
3. wirtschaftliche Unternehmen ohne eigene Rechtspersönlichkeit und öffentliche Einrichtungen, für die auf Grund gesetzlicher Vorschriften Sonderrechnungen geführt werden,
4. rechtlich unselbständige Versorgungs- und Versicherungseinrichtungen.

(2) Sondervermögen nach Abs. 1 Nr. 1 und 2 unterliegen den Vorschriften über die Haushaltswirtschaft. Sie sind im Haushalt der Gemeinde gesondert nachzuweisen.

(3) Auf Sondervermögen nach Abs. 1 Nr. 3 sind die Vorschriften der §§ 92, 93, 101 bis 105, 108 und 109 sinngemäß anzuwenden.

(4) Für Sondervermögen nach Abs. 1 Nr. 4 sind besondere Haushaltspläne aufzustellen und Sonderrechnungen zu führen. Die Vorschriften des Ersten Abschnitts sind mit der Maßgabe anzuwenden, daß an die Stelle der Haushaltssatzung der Beschluß über den Haushaltsplan tritt und von der öffentlichen Bekanntmachung und Auslegung nach § 97 Abs. 2 und 5 abgesehen werden kann. Anstelle eines Haushaltsplans können ein Wirtschaftsplan aufgestellt und die für die Wirtschaftsführung und das Rechnungswesen der Eigenbetriebe geltenden Vorschriften sinngemäß angewendet werden; Abs. 3 gilt sinngemäß.

§ 116 Treuhandvermögen

(1) Für rechtlich selbständige örtliche Stifungen sowie für Vermögen, die die Gemeinde nach besonderem Recht treuhänderisch zu verwalten hat, sind besondere Haushaltspläne aufzustellen und Sonderrechnungen zu führen. § 115 Abs. 4 Satz 2 und 3 gilt sinngemäß.

(2) Geringfügiges Treuhandvermögen kann im Haushalt der Gemeinde gesondert nachgewiesen werden; es unterliegt den Vorschriften über die Haushaltswirtschaft.

(3) Mündelvermögen sind abweichend von Abs. 1 und 2 nur in der Jahresrechnung nachzuweisen.

(4) Besondere gesetzliche Vorschriften oder Bestimmungen des Stifters bleiben unberührt.

§ 117 Sonderkassen

Für Sondervermögen und Treuhandvermögen, für die Sonderrechnungen geführt werden, sind Sonderkassen einzurichten. Sie sollen mit der Gemeindekasse verbunden werden. § 111 gilt sinngemäß.

§ 118 Freistellung von der Finanzplanung

Der Minister des Innern kann im Einvernehmen mit dem Minister der

Finanzen Sondervermögen und Treuhandvermögen von den Verpflichtungen des § 101 freistellen, soweit die Zahlen der Finanzplanung weder für die Haushalts- oder Wirtschaftsführung noch für die Finanzstatistik benötigt werden.

§ 119 Gemeindegliedervermögen

(1) Gemeindevermögen, dessen Ertrag nach bisherigem Recht nicht der Gemeinde, sondern sonstigen Berechtigten zusteht (Gemeindegliedervermögen, Gemeindegliederklassenvermögen), darf nicht in Privatvermögen der Nutzungsberechtigten umgewandelt werden.

(2) Gemeindevermögen darf nicht in Gemeindegliedervermögen oder Gemeindegliederklassenvermögen umgewandelt werden.

§ 120 Örtliche Stiftungen

(1) Örtliche Stiftungen verwaltet die Gemeinde nach den Vorschriften dieses Gesetzes, soweit nicht durch Gesetz oder Stiftungsurkunde anderes bestimmt ist. Das Stiftungsvermögen ist von dem übrigen Vermögen getrennt zu halten und so anzulegen, daß es für seinen Verwendungszweck greifbar ist.

(2) Ist die Erfüllung des Stiftungszwecks unmöglich geworden oder gefährdet die Stiftung das Gemeinwohl, so sind die Vorschriften des § 87 des Bürgerlichen Gesetzbuches anzuwenden. Die Änderung des Stiftungszwecks, die Zusammenlegung und die Aufhebung von rechtlich unselbständigen Stiftungen stehen der Gemeinde zu; sie bedürfen der Genehmigung der Aufsichtsbehörde.

(3) Gemeindevermögen darf nur im Rahmen der Aufgabenerfüllung der Gemeinde und nur dann in Stiftungsvermögen eingebracht werden, wenn der mit der Stiftung verfolgte Zweck auf andere Weise nicht erreicht werden kann.

DRITTER ABSCHNITT: Wirtschaftliche Betätigung der Gemeinde

§ 121 Wirtschaftliche Unternehmen

(1) Die Gemeinde darf wirtschaftliche Unternehmen errichten, übernehmen oder wesentlich erweitern, wenn

1. der öffentliche Zweck das Unternehmen rechtfertigt und dieser Zweck durch das Unternehmen wirtschaftlich erfüllt werden kann und
2. das Unternehmen nach Art und Umfang in einem angemessenen Verhältnis zu der Leistungsfähigkeit der Gemeinde und zum voraussichtlichen Bedarf steht.

(2) Als wirtschaftliche Unternehmen im Sinne dieses Abschnitts gelten nicht

1. Unternehmen, zu denen die Gemeinde gesetzlich verpflichtet ist,
2. Einrichtungen des Bildungs-, Gesundheits- und Sozialwesens, der Kultur, des Sports, der Erholung, der Abfall- und Abwasserbeseitigung sowie Einrichtungen ähnlicher Art,
3. Einrichtungen, die als Hilfsbetriebe ausschließlich der Deckung des Eigenbedarfs der Gemeinde dienen.

Auch diese Unternehmen und Einrichtungen sind, soweit es mit ihrem gemeinnützigen Zweck vereinbar ist, nach wirtschaftlichen Gesichtspunkten zu verwalten und können entsprechend den Vorschriften über die Eigenbetriebe geführt werden.

(3) Der Minister des Innern kann durch Rechtsverordnung bestimmen, daß Unternehmen und Einrichtungen nach Abs. 2, die nach Art und Umfang eine selbständige Verwaltung und Wirtschaftsführung erfordern, ganz oder teilweise nach den für die Eigenbetriebe geltenden Vorschriften zu führen sind; hierbei können auch Regelungen getroffen werden, die von einzelnen für die Eigenbetriebe geltenden Vorschriften abweichen.

(4) Bankunternehmen darf die Gemeinde nicht errichten, übernehmen oder betreiben. Für das öffentliche Sparkassenwesen verbleibt es bei den besonderen Vorschriften.

§ 122 Beteiligung an Gesellschaften

(1) Eine Gemeinde darf eine Gesellschaft, die auf den Betrieb eines wirtschaftlichen Unternehmens gerichtet ist, nur gründen oder sich daran beteiligen, wenn

1. die Voraussetzungen des § 121 Abs. 1 vorliegen,

2. die Haftung und die Einzahlungsverpflichtung der Gemeinde auf einen ihrer Leistungsfähigkeit angemessenen Betrag begrenzt ist,
3. die Gemeinde einen angemessenen Einfluß, insbesondere im Aufsichtsrat oder in einem entsprechenden Überwachungsorgan, erhält,
4. gewährleistet ist, daß der Jahresabschluß, soweit nicht andere Rechtsvorschriften entgegenstehen, entsprechend den Vorschriften des Aktienrechts aufgestellt, geprüft und festgestellt wird.

Die obere Aufsichtsbehörde kann von den Vorschriften der Nr. 2 und 4 in besonderen Fällen Ausnahmen zulassen.

(2) Abs. 1 gilt mit Ausnahme der Vorschriften der Nr. 1 auch für die Gründung einer Gesellschaft, die nicht auf den Betrieb eines wirtschaftlichen Unternehmens gerichtet ist, und für die Beteiligung an einer solchen Gesellschaft. Darüber hinaus ist die Gründung einer solchen Gesellschaft oder die Beteiligung an einer solchen Gesellschaft nur zulässig, wenn ein wichtiges Interesse der Gemeinde an der Gründung oder Beteiligung vorliegt.

(3) Gehören einer Gemeinde mehr als 50 vom Hundert der Anteile an einer Gesellschaft, so hat sie darauf hinzuwirken, daß

1. in sinngemäßer Anwendung der für die Eigenbetriebe geltenden Vorschriften
   a) für jedes Wirtschaftsjahr ein Wirtschaftsplan aufgestellt wird,
   b) der Wirtschaftsführung eine fünfjährige Finanzplanung zugrunde gelegt und der Gemeinde zur Kenntnis gebracht wird,
2. nach den Wirtschaftsgrundsätzen (§ 127a) verfahren wird, wenn die Gesellschaft ein wirtschaftliches Unternehmen betreibt.

(4) Abs. 1 und 2 gelten entsprechend, wenn eine Gesellschaft, an der Gemeinden oder Gemeindeverbände mit insgesamt mehr als 50 vom Hundert beteiligt sind, sich an einer anderen Gesellschaft beteiligen will.

(5) Die Gemeinde kann einen Geschäftsanteil an einer eingetragenen Kreditgenossenschaft erwerben, wenn eine Nachschußpflicht ausgeschlossen oder die Haftsumme auf einen bestimmten Betrag beschränkt ist.

§ 123 Unterrichtungs- und Prüfungsrechte

(1) Gehören einer Gemeinde Anteile an einem Unternehmen in dem in § 53 Abs. 1 des Haushaltsgrundsätzegesetzes bezeichneten Umfang, so hat sie

1. die Rechte nach § 53 Abs. 1 des Haushaltsgrundsätzegesetzes auszuüben,
2. darauf hinzuwirken, daß ihr die in § 54 des Haushaltsgrundsätzegesetzes vorgesehenen Befugnisse eingeräumt werden.

Die Aufsichtsbehörde kann Ausnahmen zulassen.

(2) Ist eine Beteiligung einer Gemeinde an einer Gesellschaft keine Mehrheitsbeteiligung im Sinne des § 53 des Haushaltsgrundsätzegetzes, so soll die Gemeinde, soweit ihr Interesse dies erfordert, darauf hinwirken, daß der Gemeinde in der Satzung oder im Gesellschaftsvertrag die Befugnisse nach den §§ 53 und 54 des Haushaltsgrundsätzegesetzes eingeräumt werden. Bei mittelbaren Beteiligungen gilt dies nur, wenn die Beteiligung den vierten Teil der Anteile übersteigt und einer Gesellschaft zusteht, an der die Gemeinde allein oder zusammen mit anderen Gebietskörperschaften mit Mehrheit im Sinne des § 53 des Haushaltsgrundsätzegesetzes beteiligt ist.

§ 124 Veräußerung von wirtschaftlichen Unternehmen, Einrichtungen und Beteiligungen

(1) Die teilweise oder vollständige Veräußerung einer Beteiligung an einer Gesellschaft oder eines wirtschaftlichen Unternehmens sowie andere Rechtsgeschäfte, durch welche die Gemeinde ihren Einfluß verliert oder vermindert, sind nur zulässig, wenn dadurch die Erfüllung der Aufgaben der Gemeinde nicht beeinträchtigt wird. Das gleiche gilt für Einrichtungen im Sinne des § 121 Abs. 2.

(2) Abs. 1 gilt entsprechend, wenn eine Gesellschaft, an der Gemeinden und Gemeindeverbände mit mehr als 50 vom Hundert beteiligt sind, Veräußerungen sowie andere Rechtsgeschäfte im Sinne des Abs. 1 vornehmen will.

§ 125 Vertretung der Gemeinde in Gesellschaften

(1) Der Gemeindevorstand vertritt die Gemeinde in Gesellschaften, die

der Gemeinde gehören (Eigengesellschaften) oder an denen die Gemeinde beteiligt ist. Bestellt der Gemeindevorstand besondere Vertreter, so sind diese an seine Weisungen gebunden; sie haben ihr Amt auf Verlangen des Gemeindevorstands jederzeit niederzulegen.

(2) Abs. 1 gilt entsprechend, wenn der Gemeinde das Recht eingeräumt ist, in den Vorstand, den Aufsichtsrat oder ein gleichartiges Organ einer Gesellschaft Mitglieder zu entsenden. Die Mitgliedschaft gemeindlicher Vertreter endet mit ihrem Ausscheiden aus dem hauptamtlichen oder ehrenamtlichen Dienst der Gemeinde.

(3) Werden Vertreter der Gemeinde aus ihrer Tätigkeit bei einer Gesellschaft haftbar gemacht, so hat ihnen die Gemeinde den Schaden zu ersetzen, es sei denn, daß sie ihn vorsätzlich oder grob fahrlässig herbeigeführt haben. Auch in diesem Falle ist die Gemeinde schadensersatzpflichtig, wenn die Vertreter der Gemeinde nach Weisung gehandelt haben.

§ 126 Beteiligung an einer anderen privatrechtlichen Vereinigung

Die Vorschriften des § 122 Abs. 1 und 2 mit Ausnahme des Abs. 1 Satz 1 Nr. 4, der §§ 124 und 125 gelten auch für andere Vereinigungen in einer Rechtsform des privaten Rechts. Für die Mitgliedschaft in kommunalen Interessenverbänden gelten nur die Vorschriften des § 125.

§ 127 Eigenbetriebe

(1) Die Wirtschaftsführung, Vermögensverwaltung und Rechnungslegung der wirtschaftlichen Unternehmen ohne Rechtsperönlichkeit (Eigenbetriebe) sind so einzurichten, daß sie eine vom übrigen Gemeindevermögen abgesonderte Betrachtung der Verwaltung und des Ergebnisses ermöglichen.

(2) In den Angelegenheiten des Eigenbetriebs ist der Betriebsleitung eine ausreichende Selbständigkeit der Entschließung einzuräumen.

(3) Die näheren Vorschriften über die Verfassung, Verwaltung und Wirtschaftsführung einschließlich des Rechnungswesens der Eigenbetriebe bleiben einem besonderen Gesetz vorbehalten.

§ 127a Wirtschaftsgrundsätze

Wirtschaftliche Unternehmen sind so zu führen, daß der öffentliche

Zweck nachhaltig erfüllt wird. Sie sollen einen Ertrag für den Haushalt der Gemeinde abwerfen, soweit dadurch die Erfüllung des öffentlichen Zwecks nicht beeinträchtigt wird.

§ 127b Anzeige

(1) Entscheidungen der Gemeinde über

1. die Errichtung, die Übernahme oder die wesentliche Erweiterung eines wirtschaftlichen Unternehmens,
2. die Gründung einer Gesellschaft, die erstmalige Beteiligung an einer Gesellschaft sowie die wesentliche Erhöhung einer Beteiligung an einer Gesellschaft,
3. den Erwerb eines Geschäftsanteils an einer eingetragenen Genossenschaft,
4. Rechtsgeschäfte im Sinne des § 124 Abs. 1

sind der Aufsichtsbehörde unverzüglich, spätestens sechs Wochen vor Beginn des Vollzugs, schriftlich anzuzeigen. Aus der Anzeige muß zu ersehen sein, ob die gesetzlichen Voraussetzungen erfüllt sind.

(2) Abs. 1 gilt für Entscheidungen über mittelbare Beteiligungen im Sinne von § 122 Abs. 4 entsprechend.

§ 127c Verbot des Mißbrauchs wirtschaftlicher Machtstellung

Bei Unternehmen, für die kein Wettbewerb gleichartiger Unternehmen besteht, dürfen der Anschluß und die Belieferung nicht davon abhängig gemacht werden, daß auch andere Leistungen oder Lieferungen abgenommen werden.

VIERTER ABSCHNITT: Prüfungswesen

§ 128 Prüfung der Jahresrechnung

(1) Das Rechnungsprüfungsamt prüft die Rechnung mit allen Unterlagen daraufhin, ob

1. der Haushaltsplan eingehalten ist,
2. die einzelnen Rechnungsbeträge sachlich und rechnerisch vorschriftsmäßig begründet und belegt sind,

3. bei den Einnahmen und Ausgaben nach den geltenden Vorschriften verfahren ist,
4. die Anlagen zur Jahresrechnung vollständig und richtig sind.

(2) Das Rechnungsprüfungsamt faßt das Ergebnis seiner Prüfung in einem Schlußbericht zusammen.

§ 129 Rechnungsprüfungsamt

Gemeinden mit mehr als 50 000 Einwohnern müssen ein Rechnungsprüfungsamt einrichten, andere Gemeinden können es einrichten. In Gemeinden, für die kein Rechnungsprüfungsamt besteht, werden dessen Aufgaben durch das Rechnungsprüfungsamt des Landkreises wahrgenommen. Zum Ausgleich der Kosten, die dem Landkreis durch diese Prüfungstätigkeit entstehen, können Prüfungsgebühren erhoben werden.

§ 130 Rechtsstellung des Rechnungsprüfungsamts

(1) Das Rechnungsprüfungsamt ist bei der Durchführung von Prüfungen unabhängig. Der Gemeindevorstand kann keine Weisungen erteilen, die den Umfang, die Art und Weise oder das Ergebnis der Prüfung betreffen. Im übrigen bleiben die Befugnisse des Gemeindevorstands und des Bürgermeisters unberührt.

(2) Die Gemeindevertretung kann sich des Rechnungsprüfungsamts bedienen, bestimmte Prüfungsaufträge erteilen und unmittelbare Auskünfte verlangen.

(3) Zur Bestellung des Leiters des Rechnungsprüfungsamts ist die Zustimmung der Gemeindevertretung erforderlich. Das gleiche gilt für die Abberufung. Der Leiter und die Prüfer des Rechnungsprüfungsamts dürfen eine andere Stellung in der Gemeinde nur innehaben, wenn dies mit ihren Prüfungsaufgaben vereinbar ist.

(4) Zum Leiter des Rechnungsprüfungsamts soll nur bestellt werden, wer eine gründliche Erfahrung im Kommunalwesen, insbesondere auf dem Gebiet des gemeindlichen Haushalts-, Kassen- und Rechnungswesens, besitzt. Der Leiter des Rechnungsprüfungsamts muß Beamter sein und darf mit dem Vorsitzenden der Gemeindevertretung, dem Bürgermeister und den Beigeordneten weder bis zum dritten Grade verwandt noch bis zum zweiten Grade verschwägert oder durch Ehe verbunden sein. Im übrigen gilt § 110 Abs. 3 Satz 2 und Abs. 4 entsprechend.

(5) Der Leiter und die Prüfer des Rechnungsprüfungsamts dürfen Zahlungen weder anordnen noch ausführen.

§ 131 Aufgaben des Rechnungsprüfungsamts

(1) Das Rechnungsprüfungsamt hat folgende Aufgaben:

1. die Prüfung der Jahresrechnung (§ 128),
2. die laufende Prüfung der Kassenvorgänge und Belege zur Vorbereitung der Prüfung der Jahresrechnung,
3. die dauernde Überwachung der Kassen der Gemeinde und der Eigenbetriebe einschließlich der Sonderkassen sowie die Vornahme der regelmäßigen und unvermuteten Kassenprüfungen,
4. bei Einsatz automatischer Datenverarbeitungsanlagen im Finanzwesen die Prüfung der Verfahren vor ihrer Anwendung, soweit nicht der Minister des Innern Ausnahmen zuläßt,
5. die Prüfung der Finanzvorfälle gemäß § 56 Abs. 3 des Haushaltsgrundsätzegesetzes,
6. im Rahmen der Erfüllung der Aufgaben der Nr. 1 bis 5 zu prüfen, ob zweckmäßig und wirtschaftlich verfahren wird.

(2) Der Gemeindevorstand, der Bürgermeister, der für die Verwaltung des Finanzwesens bestellte Beigeordnete und die Gemeindevertretung können dem Rechnungsprüfungsamt weitere Aufgaben übertragen, insbesondere

1. die Prüfung der Vorräte und Vermögensbestände,
2. die Prüfung von Anordnungen vor ihrer Zuleitung an die Kasse,
3. die Prüfung von Auftragsvergaben,
4. die Prüfung der Verwaltung auf Zweckmäßigkeit und Wirtschaftlichkeit,
5. die Prüfung der Wirtschaftsführung der Eigenbetriebe,
6. die Prüfung der Betätigung der Gemeinde bei Unternehmen in einer Rechtsform des privaten Rechts, an denen die Gemeinde beteiligt ist,
7. die Kassen-, Buch- und Betriebsprüfung, die sich die Gemeinde bei einer Beteiligung, bei der Hingabe eines Kredits oder sonst vorbehalten hat.

§ 132 Überörtliche Prüfung, Prüfung der Wirtschaftsbetriebe

(1) Die überörtliche Prüfung des Haushalts-, Kassen-, Rechnungswesens und der Wirtschaftlichkeit der Verwaltung wird durch besonderes Gesetz geregelt.

(2) Die für die Prüfung der wirtschaftlichen Unternehmen der Gemeinden bestehenden besonderen gesetzlichen Vorschriften bleiben unberührt.

§ 133 (weggefallen)

FÜNFTER ABSCHNITT: Gemeinsame Vorschriften

§ 134 Unwirksame und nichtige Rechtsgeschäfte

(1) Rechtsgeschäfte, die ohne die auf Grund dieses Gesetzes erforderliche Genehmigung der Aufsichtsbehörde abgeschlossen werden, sind unwirksam.

(2) Rechtsgeschäfte, die gegen das Verbot des § 103 Abs. 8, des § 104 Abs. 1 oder des § 127c verstoßen, sind nichtig.

SIEBENTER TEIL: Aufsicht

§ 135 Umfang der Aufsicht

Die Aufsicht des Staates über die Gemeinden soll sicherstellen, daß die Gemeinden im Einklang mit den Gesetzen verwaltet und daß die im Rahmen der Gesetze erteilten Weisungen (§ 4) befolgt werden. Die Aufsicht soll so gehandhabt werden, daß die Entschlußkraft und die Verantwortungsfreudigkeit der Gemeinden nicht beeinträchtigt werden.

§ 136 Aufsichtsbehörde

(1) Aufsichtsbehörde der Landeshauptstadt Wiesbaden und der Stadt Frankfurt am Main ist der Minister des Innern.

(2) Aufsichtsbehörde der Gemeinden mit mehr als 50 000 Einwohnern ist der Regierungspräsident, obere Aufsichtsbehörde der Minister des Innern. Der Minister des Innern kann seine Befugnisse als obere Aufsichtsbehörde auf nachgeordnete Behörden übertragen.

(3) Aufsichtsbehörde der übrigen Gemeinden ist der Landrat, obere Aufsichtsbehörde der Regierungspräsident.

(4) Oberste Aufsichtsbehörde ist der Minister des Innern.

(5) Ist in einer vom Landrat als Aufsichtsbehörde zu entscheidenden Angelegenheit der Landkreis zugleich als Gemeindeverband beteiligt, entscheidet die obere Aufsichtsbehörde. Sind an Angelegenheiten, die nach diesem Gesetz der Genehmigung oder der Entscheidung der Aufsichtsbehörde bedürfen, Gemeinden mehrerer Landkreise oder Regierungsbezirke beteiligt, ist die gemeinsame nächsthöhere Aufsichtsbehörde oder die von dieser bestimmte Aufsichtsbehörde zuständig.

§ 137 Unterrichtung

Die Aufsichtsbehörde kann sich jederzeit über die Angelegenheiten der Gemeinde unterrichten; sie kann an Ort und Stelle prüfen und besichtigen, mündliche und schriftliche Berichte anfordern sowie Akten und sonstige Unterlagen einsehen. Sie kann an den Sitzungen der Gemeindevertretung, ihrer Ausschüsse, des Gemeindevorstands und des Ortsbeirats teilnehmen; sie kann auch verlangen, daß diese Organe und Hilfsorgane zur Behandlung einer bestimmten Angelegenheit einberufen werden.

§ 138 Beanstandung

Die Aufsichtsbehörde kann Beschlüsse und Anordnungen der Gemeindevertretung, ihrer Ausschüsse, des Gemeindevorstands und des Ortsbeirats, die das Recht verletzen, innerhalb von sechs Monaten nach der Beschlußfassung aufheben und verlangen, daß Maßnahmen, die auf Grund derartiger Beschlüsse getroffen worden sind, rückgängig gemacht werden.

§ 139 Anweisungen

Erfüllt die Gemeinde die ihr gesetzlich obliegenden Pflichten oder Aufgaben nicht, so kann die Aufsichtsbehörde die Gemeinde anweisen, innerhalb einer bestimmten Frist das Erforderliche zu veranlassen.

§ 140 Ersatzvornahme

Kommt die Gemeinde einer Anweisung der Aufsichtsbehörde nicht innerhalb der ihr gesetzten Frist nach, kann die Aufsichtsbehörde anstelle der

Gemeinde das Erforderliche anordnen und auf deren Kosten selbst durchführen oder durch einen Dritten durchführen lassen.

§ 141 Bestellung eines Beauftragten

Wenn und solange der ordnungsmäßige Gang der Verwaltung der Gemeinde es erfordert und die Befugnisse der Aufsichtsbehörde nach den §§ 137 bis 140 nicht ausreichen, kann die obere Aufsichtsbehörde Beauftragte bestellen, die alle oder einzelne Aufgaben der Gemeinde auf ihre Kosten wahrnehmen. Der Beauftragte steht in einem öffentlich-rechtlichen Amtsverhältnis, auf das die Vorschriften für Beamte auf Widerruf entsprechend anzuwenden sind. Der Minister des Innern kann für bestimmte Fälle oder für bestimmte Arten von Fällen die Befugnisse der oberen Aufsichtsbehörde auf die Aufsichtsbehörde übertragen.

§ 141a Auflösung der Gemeindevertretung

(1) Die Aufsichtsbehörde hat eine Gemeindevertretung aufzulösen, wenn diese dauernd beschlußunfähig ist.

(2) Die obere Aufsichtsbehörde kann eine Gemeindevertretung auflösen, wenn eine ordnungsmäßige Erledigung der Aufgaben der Gemeinde auf andere Weise nicht gesichert werden kann.

§ 141b Selbsteintritt der höheren Aufsichtsbehörde

Kommt die Aufsichtsbehörde einer Anweisung der höheren Aufsichtsbehörde nicht innerhalb einer bestimmten Frist nach, kann die höhere Aufsichtsbehörde anstelle der Aufsichtsbehörde die Befugnisse nach den §§ 137 bis 140 ausüben.

§ 142 Rechtsmittel

Gegen Anordnungen der Aufsichtsbehörde ist die Anfechtungsklage nach Maßgabe der Verwaltungsgerichtsordnung gegeben.

§ 143 Genehmigung

(1) Die Genehmigung der Aufsichtsbehörde ist schriftlich zu erteilen. Satzungen, Beschlüsse und sonstige Maßnahmen der Gemeinden, die der Genehmigung der Aufsichtsbehörde bedürfen, werden – unbeschadet weiterer Wirksamkeitsvoraussetzungen – erst mit der Erteilung der

Genehmigung wirksam. Die Genehmigung gilt als erteilt, wenn die Aufsichtsbehörde nicht innerhalb von drei Monaten nach Eingang des Antrags die Genehmigung ablehnt oder dem Antragsteller schriftlich mitteilt, welche Gründe einer abschließenden Entscheidung über den Genehmigungsantrag entgegenstehen.

(2) Die Landesregierung kann durch Verordnung Satzungen, Beschlüsse und sonstige Maßnahmen der Gemeinden, die der Genehmigung der Aufsichtsbehörde bedürfen, von der Genehmigung allgemein oder unter bestimmten Voraussetzungen freistellen und dafür die vorherige Anzeige an die Aufsichtsbehörde vorschreiben.

§ 144 (weggefallen)

§ 145 Schutzvorschrift

Andere Behörden und Stellen als die Aufsichtsbehörden (§ 136) können sich im Benehmen mit der Aufsichtsbehörde über Angelegenheiten der Gemeinde unterrichten, an Ort und Stelle prüfen und besichtigen sowie Berichte anfordern, soweit ihnen nach besonderer gesetzlicher Vorschrift ein solches Recht zusteht. Im übrigen sind sie zu Eingriffen in die Gemeindeverwaltung nach den §§ 137 bis 141a nicht befugt.

§ 146 Zwangsvollstreckung, Konkurs

(1) Zur Einleitung der Zwangsvollstreckung gegen die Gemeinde wegen einer Geldforderung bedarf der Gläubiger einer Zulassungsverfügung der Aufsichtsbehörde, es sei denn, daß es sich um die Verfolgung dinglicher Rechte handelt. In der Verfügung hat die Aufsichtsbehörde die Vermögensgegenstände zu bestimmen, in welche die Zwangsvollstreckung zugelassen wird, und über den Zeitpunkt zu befinden, in dem sie stattfinden soll. Die Zwangsvollstreckung wird nach den Vorschriften der Zivilprozeßordnung durchgeführt.

(2) Ein Konkursverfahren über das Vermögen der Gemeinde findet nicht statt.

ACHTER TEIL: Landesverwaltung in kreisfreien Städten

§ 146a Aufgaben und Stellung des Oberbürgermeisters als Behörde der Landesverwaltung

(1) In kreisfreien Städten nimmt der Oberbürgermeister als Behörde der Landesverwaltung, soweit nicht etwas anderes bestimmt ist, die Aufgaben des Staatlichen Veterinäramts, die Aufgaben der unteren Kataster- und Landesvermessungsbehörde (Katasteramt), die Aufgaben des Staatlichen Schulamts und weitere Aufgaben wahr, die ihm als Behörde der Landesverwaltung übertragen werden.

(2) Der Oberbürgermeister untersteht als Behörde der Landesverwaltung der jeweils zuständigen Behörde in der Mittelstufe der Landesverwaltung.

(3) Die jeweils zuständigen Aufsichtsbehörden können, wenn es den Umständen nach erforderlich ist, die Befugnisse des Oberbürgermeisters als Behörde der Landesverwaltung ausüben, soweit nicht etwas anderes bestimmt ist.

(4) Der Oberbürgermeister wird im Falle der Verhinderung von dem Bürgermeister vertreten. Die zuständigen Behörden in der Mittelstufe der Landesverwaltung können, wenn dies aus besonderem Grunde erforderlich ist, gemeinsam eine andere Regelung treffen. Der Oberbürgermeister kann mit Zustimmung der jeweils zuständigen Aufsichtsbehörde einen hauptamtlichen Beigeordneten für bestimmte Aufgaben zu seinem ständigen Vertreter bestellen. In diesen Angelegenheiten wird er auch bei Anwesenheit des Oberbürgermeisters an dessen Stelle tätig, soweit sich der Oberbürgermeister nicht vorbehält, selbst tätig zu werden. Der hauptamtliche Beigeordnete ist ihm für die ordnungsgemäße Wahrnehmung der Aufgaben verantwortlich.

(5) Der Oberbürgermeister soll als Behörde der Landesverwaltung den Magistrat in Angelegenheiten von besonderer Bedeutung unterrichten.

(6) Das Land hat dem Oberbürgermeister die zur Erfüllung seiner Aufgaben als Behörde der Landesverwaltung erforderlichen Bediensteten und Einrichtungen bereitzustellen. Die dem Oberbürgermeister zugeteilten Landesbediensteten können mit Zustimmung der Behörde, die die Dienstaufsicht führt, und des Magistrats auch in der Verwaltung der kreisfreien Stadt beschäftigt werden. Bedienstete der kreisfreien Stadt können

mit Zustimmung des Magistrats und der Landesbehörde, die im jeweiligen Aufgabenbereich die Dienstaufsicht führt, auch beim Oberbürgermeister als Behörde der Landesverwaltung beschäftigt werden.

(7) Für die Amtstätigkeit, die der Oberbürgermeister als Behörde der Landesverwaltung ausübt, wird eine Entschädigung an die kreisfreie Stadt nicht gewährt.

NEUNTER TEIL: Vereinigungen der Gemeinden und Gemeindeverbände

§ 147 Vereinigungen der Gemeinden und Gemeindeverbände

Die Landesregierung soll mit den Vereinigungen, welche die Gemeinden und Gemeindeverbände zur Förderung ihrer Interessen bilden, Verbindung wahren. Sie soll diese Vereinigungen bei der Vorbereitung von Gesetzen und Rechtsverordnungen, durch die die Belange der Gemeinden und Gemeindeverbände berührt werden, hören.

ZEHNTER TEIL: Übergangs- und Schlußvorschriften

§ 148 Maßgebliche Einwohnerzahl

(1) In den Fällen des § 38 ist maßgebend die Einwohnerzahl, die für den letzten Termin vor Beginn der Wahlzeit (§ 36), im übrigen die Einwohnerzahl, die für den letzten Termin vor Beginn des jeweiligen Haushaltsjahres vom Hessischen Statistischen Landesamt festgestellt und veröffentlicht worden ist. Bestehen Zweifel an der Richtigkeit der Feststellung des Hessischen Statistischen Landesamts und hilft das Hessische Statistische Landesamt einem entsprechenden Antrag der Gemeinde nicht ab, entscheidet der Minister des Innern.

(2) Ist für die Zuständigkeit einer Gemeinde eine Mindesteinwohnerzahl maßgebend, bleibt die Zuständigkeit auch bei einem Rückgang der Einwohnerzahl erhalten; sie erlischt, wenn die Mindesteinwohnerzahl um mehr als zehn vom Hundert unterschritten wird.

§ 149 Wahrnehmung der Weisungsaufgaben

(1) Bis zum Erlaß neuer Vorschriften sind die den Gemeinden zur Erfüllung nach Weisung übertragenen Angelegenheiten nach den bisherigen

Bestimmungen durchzuführen; jedoch sind hinsichtlich der Verteilung der Zuständigkeiten zwischen Gemeindevertretung und Gemeindevorstand die Grundsätze dieses Gesetzes zu beachten.

(2) Die zur Erfüllung nach Weisung übertragenen Angelegenheiten werden unbeschadet der Vorschrift des Abs. 1 auch dann vom Gemeindevorstand wahrgenommen, wenn sie nach den bisherigen Vorschriften dem Bürgermeister übertragen waren; die Regelung des Hessischen Gesetzes über die öffentliche Sicherheit und Ordnung bleibt unberührt.

§ 150 Aufgaben der Orts- und Kreispolizeibehörde

Bürgermeister und Oberbürgermeister nehmen die Aufgaben der Orts- und Kreispolizeibehörden in alleiniger Verantwortung wahr. Die Zuständigkeit der Gemeindevertretung und des Gemeindevorstands in haushalts- und personalrechtlichen Angelegenheiten und die Bestimmungen des § 71 über die Abgabe von Verpflichtungserklärungen bleiben unberührt.

§§ 151, 152 (weggefallen)

§ 153 Weitergeltung bisheriger Vorschriften

(1) Bis zum Erlaß neuer Vorschriften bleiben in Kraft:

a) und b) (gegenstandslos)

c) die Verordnung über gemeindefreie Grundstücke und Gutsbezirke vom 15. November 1938 (RGBl. I S. 1631),

d) und e) (gegenstandslos)

(2) bis (7) (gegenstandslos)

§ 154 Überleitungs- und Durchführungsbestimmungen

(1) Die Landesregierung kann Überleitungsvorschriften erlassen.

(2) Der Minister des Innern erläßt die Durchführungsvorschriften zu diesem Gesetz.

(3) Der Minister des Innern kann im Einvernehmen mit dem Minister der Finanzen durch Rechtsverordnung regeln:

1. Inhalt und Gestaltung des Haushaltsplans, des Finanzplans und des Investitionsprogramms sowie die Haushaltsführung und die Haushaltsüberwachung; dabei kann er bestimmen, daß Einnahmen und Ausgaben, für die ein Dritter Kostenträger ist oder die von einer zentralen Stelle angenommen oder ausgezahlt werden, nicht im Haushalt der Gemeinde abzuwickeln und daß für Sanierungs-, Entwicklungs- und Umlegungsmaßnahmen Sonderrechnungen zu führen sind,
2. die Veranschlagung von Einnahmen, Ausgaben und Verpflichtungsermächtigungen für einen vom Haushaltsjahr abweichenden Wirtschaftszeitraum,
3. die Bildung, Inanspruchnahme und Verwendung von Rücklagen sowie deren Mindesthöhe,
4. die Erfassung, den Nachweis, die Bewertung und die Fortschreibung der Vermögensgegenstände und der Schulden; dabei kann er bestimmen, daß die Vermögensrechnung auf Einrichtungen beschränkt werden darf, die in der Regel und überwiegend aus Entgelten finanziert werden,
5. die Geldanlagen und ihre Sicherung,
6. die Ausschreibung von Lieferungen und Leistungen sowie die Vergabe von Aufträgen,
7. die Stundung und Niederschlagung sowie den Erlaß von Ansprüchen und die Behandlung von Kleinbeträgen,
8. Inhalt und Gestaltung der Jahresrechnung sowie die Abdeckung von Fehlbeträgen,
9. die Aufgaben und Organisation der Gemeindekasse und der Sonderkassen, deren Beaufsichtigung und Prüfung sowie die Abwicklung des Zahlungsverkehrs und die Buchführung,
10. die Prüfung von Verfahren der automatischen Datenverarbeitung im Bereich des Finanzwesens,
11. die Besetzung von Stellen mit Beamten, Angestellten und Arbeitern.

(4) Die Ermächtigung nach Abs. 3 schließt die Befugnis ein, zur Vergleichbarkeit der Haushalte Muster für verbindlich zu erklären, insbesondere für

1. die Haushaltssatzung und ihre Bekanntmachung,
2. die Gliederung und Gruppierung des Haushaltsplans und des Finanzplans,
3. die Form des Haushaltsplans und seiner Anlagen, des Finanzplans und des Investitionsprogramms,
4. die Gliederung, Gruppierung und Form der Vermögensnachweise,
5. die Zahlungsanordnungen, die Buchführung sowie die Jahresrechnung und ihre Anlagen.

§ 155 Inkrafttreten

(1) Dieses Gesetz tritt unbeschadet der Vorschriften in Abs. 2 bis 5 am 5. Mai 1952 in Kraft. Gleichzeitig treten alle Bestimmungen des bisherigen Rechts außer Kraft, die den Vorschriften dieses Gesetzes entgegenstehen.

a) bis d) (gegenstandslos)

(2) Die Vorschriften der §§ 29 bis 38 treten am Tage nach der Verkündung in Kraft.

(3) bis (5) (gegenstandslos)

Hessische Landkreisordnung (HKO)

in der Fassung vom 1. April 1981 (GVBl. I S. 97)

ÜBERSICHT:

ERSTER TEIL: Selbstverwaltung des Landkreises

ERSTER ABSCHNITT: Grundlagen der Kreisverfassung

§ 1 Rechtsstellung der Landkreise

(1) Die Landkreise sind Gebietskörperschaften und Gemeindeverbände. Sie verwalten ihr Gebiet nach den Grundsätzen der gemeindlichen Selbstverwaltung.

(2) Das Gebiet des Landkreises bildet zugleich den Bezirk der unteren Behörde der allgemeinen Landesverwaltung.

§ 2 Wirkungsbereich

(1) Die Landkreise nehmen in ihrem Gebiet, soweit die Gesetze nichts anderes bestimmen, diejenigen öffentlichen Aufgaben wahr, die über die Leistungsfähigkeit der kreisangehörigen Gemeinden hinausgehen. Sie fördern die kreisangehörigen Gemeinden in der Erfüllung ihrer Aufgaben, ergänzen durch ihr Wirken die Selbstverwaltung der Gemeinden und tragen zu einem gerechten Ausgleich der unterschiedlichen Belastung der Gemeinden bei. Sie sollen sich auf diejenigen Aufgaben beschränken, die der einheitlichen Versorgung und Betreuung der Bevölkerung des ganzen Landkreises oder eines größeren Teils des Landkreises dienen.

(2) Die vorhandenen Sonderverwaltungen sind möglichst aufzulösen; sie sind, wenn sie nicht auf die Gemeindeverwaltung überführt werden, auf die Kreisverwaltungen zu überführen. Neue Sonderverwaltungen sollen grundsätzlich nicht errichtet werden.

§ 3 Neue Pflichten

Neue Pflichten können den Landkreisen nur durch Gesetz auferlegt werden; dieses hat gleichzeitig die Aufbringung der Mittel zu regeln. Eingriffe in die Rechte der Landkreise sind nur durch Gesetz zulässig. Verordnungen zur Durchführung solcher Gesetze bedürfen der Zustimmung des Ministers des Innern; dies gilt nicht für Verordnungen der Landesregierung.

§ 4 Weisungsaufgaben

Den Landkreisen können durch Gesetz Aufgaben zur Erfüllung nach Weisung übertragen werden; das Gesetz bestimmt die Voraussetzungen und den Umfang des Weisungsrechts und hat gleichzeitig die Aufbringung der Mittel zu regeln. Die Weisungen sollen sich auf allgemeine Anordnungen beschränken und in der Regel nicht in die Einzelausführung eingreifen.

§ 5 Satzungen

(1) Die Landkreise können ihre Angelegenheiten durch Satzung regeln, soweit gesetzlich nichts anderes bestimmt ist. Satzungen bedürfen der Genehmigung der Aufsichtsbehörde nur, soweit eine Genehmigung in den Gesetzen ausdrücklich vorgeschrieben ist; sie sind, auch wenn sie keiner Genehmigung bedürfen, der Aufsichtsbehörde mitzuteilen.

(2) In den Satzungen können vorsätzliche oder fahrlässige Zuwiderhandlungen gegen Gebote oder Verbote mit Geldbuße bedroht werden. Verwaltungsbehörde im Sinne des § 36 Abs. 1 Nr. 1 des Gesetzes über Ordnungswidrigkeiten ist der Kreisausschuß.

(3) Satzungen sind öffentlich bekanntzumachen. Sie treten, wenn kein anderer Zeitpunkt bestimmt ist, mit dem Tage nach der Bekanntmachung in Kraft.

(4) Für die Rechtswirksamkeit der Satzungen ist eine Verletzung der nach § 32 Satz 2 entsprechend geltenden Vorschriften der §§ 53, 56 und 58 der Hessischen Gemeindeordnung unbeachtlich, wenn sie nicht innerhalb von sechs Monaten nach der öffentlichen Bekanntmachung der Satzung schriftlich unter Bezeichnung der Tatsachen, die eine solche Rechtsverletzung begründen können, gegenüber dem Kreisausschuß geltend gemacht worden ist. Die §§ 34 und 47 und die nach § 18 Abs. 1 Satz 1 und § 54 Abs. 1 entsprechend geltenden Vorschriften des § 25 Abs. 6 und des § 138 der Hessischen Gemeindeordnung bleiben unberührt.

§ 5a Hauptsatzung

(1) Jeder Landkreis hat eine Hauptsatzung zu erlassen. In der Hauptsatzung ist zu ordnen, was nach den Vorschriften dieses Gesetzes der Hauptsatzung vorbehalten ist; auch andere für die Verfassung des Land-

kreises wesentliche Fragen können in der Hauptsatzung geregelt werden.

(2) Die Beschlußfassung über die Hauptsatzung und ihre Änderung bedarf der Mehrheit der gesetzlichen Zahl der Kreistagsabgeordneten. Im letzten Jahr der Wahlzeit des Kreistags sollen keine wesentlichen Änderungen der Hauptsatzung vorgenommen werden.

§ 6 Öffentliche Bekanntmachungen

(1) Öffentliche Bekanntmachungen der Landkreise erfolgen in einer im Kreisgebiet verbreiteten, mindestens einmal wöchentlich erscheinenden Zeitung oder in einem Amtsblatt.

(2) Der Minister des Innern bestimmt durch Rechtsverordnung Näheres über Form und Verfahren der öffentlichen Bekanntmachungen. Er kann zulassen, daß für bestimmte Bekanntmachungen andere als die in Abs. 1 bezeichneten Formen festgelegt werden. Er kann die Aufnahme nichtamtlicher Nachrichten und Anzeigen in Amtsblättern untersagen oder beschränken.

(3) Der Landkreis regelt im Rahmen der Vorschriften der Abs. 1 und 2 die Form seiner öffentlichen Bekanntmachungen in der Hauptsatzung.

§ 7 Kreisangehörige

Kreisangehöriger ist, wer im Kreisgebiet seinen Wohnsitz hat.

§ 8 Organe

Der von den wahlberechtigten Kreisangehörigen gewählte Kreistag ist das oberste Organ des Landkreises; er trifft die wichtigen Entscheidungen und überwacht die gesamte Verwaltung. Die laufende Verwaltung besorgt der Kreissausschuß.

§ 9 Vermögen und Einkünfte

Der Landkreis hat sein Vermögen und seine Einkünfte so zu verwalten, daß die Kreisfinanzen gesund bleiben. Auf die wirtschaftliche Leistungsfähigkeit der Kreisangehörigen und Gemeinden ist Rücksicht zu nehmen.

§ 10 Aufsicht

Die Aufsicht des Staates schützt die Landkreise in ihren Rechten und sichert die Erfüllung ihrer Pflichten.

ZWEITER ABSCHNITT: Name, Sitz und Hoheitszeichen

§ 11 Name, Sitz

(1) Die Landkreise führen ihre bisherigen Namen. Die Landesregierung kann auf Antrag oder nach Anhörung des Landkreises den Namen ändern.

(2) Der Sitz der Kreisverwaltung wird durch Gesetz bestimmt.

§ 12 Wappen, Flaggen, Dienstsiegel

(1) Die Landkreise führen ihre bisherigen Wappen und Flaggen. Die Änderung von Wappen und Flaggen sowie die Annahme neuer Wappen und Flaggen bedarf der Genehmigung des Ministers des Innern.

(2) Die Landkreise führen Dienstsiegel. Landkreise, die zur Führung eines Wappens berechtigt sind, führen dieses in ihrem Dienstsiegel. Die übrigen Landkreise führen in ihrem Dienstsiegel die Wappenfigur des Landes. Das Nähere bestimmt der Minister des Innern.

DRITTER ABSCHNITT: Kreisgebiet

§ 13 Gebietsbestand

Das Kreisgebiet besteht aus dem Gebiet der Gemeinden und aus den gemeindefreien Grundstücken, die bei Inkrafttreten dieses Gesetzes zum Landkreis gehören.

§ 14 Grenzänderung

(1) Aus Gründen des öffentlichen Wohls können die Grenzen der Landkreise geändert werden. Die beteiligten Landkreise und Gemeinden sind vorher zu hören.

(2) Sind die beteiligten Landkreise und Gemeinden einverstanden, kann die Landesregierung die Grenzänderung aussprechen und den Tag der

Rechtswirksamkeit bestimmen. Ist ein Landkreis oder eine Gemeinde mit der Grenzänderung nicht einverstanden, bedarf es eines Gesetzes.

(3) Werden durch die Änderung von Gemeindegrenzen die Grenzen von Landkreisen berührt, so bewirkt die Änderung der Gemeindegrenzen auch die Änderung der Kreisgrenzen.

§ 15 Auseinandersetzung und Übergangsregelung

(1) Die beteiligten Landkreise können Vereinbarungen über die aus Anlaß der Grenzänderung zu regelnden Einzelfragen, insbesondere die Auseinandersetzung, die Rechtsnachfolge, das Kreisrecht und die Verwaltung treffen, (Grenzänderungsvertrag). Der Grenzänderungsvertrag bedarf der Genehmigung der Aufsichtsbehörde.

(2) Kommt ein Grenzänderungsvertrag zwischen den beteiligten Landkreisen nicht zustande oder wird der Grenzänderungsvertrag von der Aufsichtsbehörde nicht genehmigt, so regelt diese das Erforderliche. Das gleiche gilt, soweit der Grenzänderungsvertrag keine erschöpfende Regelung enthält.

(3) Die Genehmigung des Grenzänderungsvertrags und die Entscheidung der Aufsichtsbehörde über die Auseinandersetzung begründen Rechte und Pflichten der Beteiligten.

(4) Rechtshandlungen, die aus Anlaß der Änderung des Kreisgebiets erforderlich werden, sind frei von öffentlichen Abgaben und Gebühren.

VIERTER ABSCHNITT: Landkreis und Kreisangehörige

§ 16 Öffentliche Einrichtungen

Der Landkreis hat die Aufgabe, im Rahmen seines Wirkungsbereichs und in den Grenzen seiner Leistungsfähigkeit die für die Kreisangehörigen erforderlichen wirtschaftlichen, sozialen und kulturellen öffentlichen Einrichtungen bereitzustellen.

§ 17 Teilnahme an öffentlichen Einrichtungen und Kreislasten

(1) Die Kreisangehörigen sind im Rahmen der bestehenden Vorschriften berechtigt, die öffentlichen Einrichtungen des Landkreises zu benutzen, und verpflichtet, zu den Lasten des Landkreises beizutragen.

(2) Grundbesitzer und Gewerbetreibende, die nicht im Landkreis wohnen, sind in gleicher Weise berechtigt, die öffentlichen Einrichtungen zu benutzen, die im Landkreis für Grundbesitzer und Gewerbetreibende bestehen, und verpflichtet, für ihren Grundbesitz oder Gewerbebetrieb im Kreisgebiet zu den Kreislasten beizutragen.

(3) Diese Vorschriften gelten entsprechend für juristische Personen und für Personenvereinigungen.

§ 18 Ehrenamtliche Tätigkeit

(1) Für die ehrenamtliche Tätigkeit gelten die Bestimmungen der §§ 21, 23 bis 27 der Hessischen Gemeindeordnung entsprechend. § 25 und § 26a der Hessischen Gemeindeordnung gelten entsprechend auch für die hauptamtliche Tätigkeit.

(2) Bei der entsprechenden Anwendung des § 24a der Hessischen Gemeindeordnung ist der Kreisausschuß zuständige Verwaltungsbehörde im Sinne des § 36 Abs. 1 Nr. 1 des Gesetzes über Ordnungswidrigkeiten.

FÜNFTER ABSCHNITT: Landkreis und Gemeinden

§ 19 Übernahme von Aufgaben durch den Landkreis

(1) Der Landkreis kann Einrichtungen kreisangehöriger Gemeinden oder Zweckverbände in seine Zuständigkeit übernehmen, wenn dies für eine wirtschaftlich zweckmäßige Durchführung seiner Aufgaben erforderlich ist.

(2) Zur Übernahme ist ein Beschluß des Kreistags und die Genehmigung der Aufsichtsbehörde des Landkreises erforderlich. Der Beschluß bedarf der Zustimmung von mehr als der Hälfte der gesetzlichen Zahl der Kreistagsabgeordneten.

(3) Die Bedingungen der Übernahme können von den Beteiligten durch Vertrag festgesetzt werden. Kommt ein Vertrag nicht zustande, so werden sie von der Aufsichtsbehörde des Landkreises bestimmt.

(4) Hat der Landkreis im Rahmen seines Wirkungsbereichs für einen bestimmten Zweck ausreichende Einrichtungen geschaffen oder von einer kreisangehörigen Gemeinde oder einem Zweckverband übernommen, so kann er beschließen, daß diese Aufgabe für den ganzen Land-

kreis oder einen Teil des Landkreises zu seiner ausschließlichen Zuständigkeit gehören soll. Für den Beschluß gelten die Bestimmungen in Abs. 2 entsprechend.

§ 20 Zusammenarbeit

Der Landkreis hat mit den kreisangehörigen Gemeinden in Angelegenheiten des Landkreises zusammenzuarbeiten. Der Kreistag und der Kreisausschuß haben den Gemeindevorständen von kreisangehörigen Gemeinden, die durch Maßnahmen des Landkreises besonders betroffen werden, vor der Entscheidung Gelegenheit zur Äußerung zu geben.

SECHSTER ABSCHNITT: Verwaltung des Landkreises

ERSTER TITEL: Kreistag

§ 21 Zusammensetzung

(1) Der Kreistag besteht aus den in allgemeiner, freier, gleicher, geheimer und unmittelbarer Wahl gewählten Kreistagsabgeordneten.

(2) Für das Wahlverfahren gelten die Bestimmungen des Hessischen Kommunalwahlgesetzes.

§ 22 Aktives Wahlrecht

(1) Wahlberechtigt ist, wer am Wahltag

1. Deutscher im Sinne des Art. 116 Abs. 1 des Grundgesetzes ist,
2. das achtzehnte Lebensjahr vollendet hat und
3. seit mindestens drei Monaten im Landkreis seinen Wohnsitz hat.

Bei Inhabern von Haupt- und Nebenwohnungen im Sinne des Melderechts gilt der Ort der Hauptwohnung als Wohnsitz.

(2) Landräte, hauptamtliche Bürgermeister und hauptamtliche Beigeordnete sind ohne Rücksicht auf die Dauer des Wohnsitzes mit dem Amtsantritt wahlberechtigt.

(3) Nicht wahlberechtigt ist,

1. wer entmündigt ist oder unter vorläufiger Vormundschaft oder wegen geistigen Gebrechens unter Pflegschaft steht, sofern er nicht durch

eine Bescheinigung des Vormundschaftsgerichts nachweist, daß die Pflegschaft auf Grund seiner Einwilligung angeordnet ist,

2. wer infolge Richterspruchs oder auf Grund anderer gesetzlicher Vorschriften das Wahlrecht nicht besitzt.

(4) Die Wahlberechtigung ruht für Personen, die infolge Richterspruchs auf Grund landesrechtlicher Vorschriften wegen Geisteskrankheit oder Geistesschwäche nicht nur einstweilig in einem psychiatrischen Krankenhaus untergebracht sind.

§ 23 Passives Wahlrecht

(1) Wählbar als Kreistagsabgeordneter sind die Wahlberechtigten, die am Wahltag das achtzehnte Lebensjahr vollendet und seit mindestens sechs Monates im Landkreis ihren Wohnsitz haben. § 22 Abs. 1 Satz 2 gilt für die Wählbarkeit entsprechend.

(2) Nicht wählbar ist, wer infolge Richterspruchs die Wählbarkeit oder die Fähigkeit zur Bekleidung öffentlicher Ämter nicht besitzt.

(3) Tritt nachträglich ein Tatbestand ein, der das Ruhen der Wahlberechtigung (§ 22 Abs. 4) zur Folge hat, so kann die Tätigkeit als Kreistagsabgeordneter vorzeitig für beendigt erklärt werden. Die Entscheidung trifft der Kreistag.

(4) Fällt im übrigen eine Voraussetzung der Wählbarkeit fort oder tritt nachträglich ein Tatbestand ein, der den Ausschluß von der Wählbarkeit zur Folge hat, so endet die Tätigkeit als Kreistagsabgeordneter zu dem in § 33 des Hessischen Kommunalwahlgesetzes bestimmten Zeitpunkt.

§ 24 (weggefallen)

§ 25 Zahl der Kreistagsabgeordneten

Die Zahl der Kreistagsabgeordneten beträgt in Landkreisen

bis zu 100 000 Einwohnern	51
von 100 001 bis zu 150 000 Einwohnern	61
von 150 001 bis zu 200 000 Einwohnern	71
von 200 001 bis zu 300 000 Einwohnern	81
von 300 001 bis zu 400 000 Einwohnern	87
über 400 000 Einwohnern	93.

§ 26 Wahlzeit

Die Kreistagsabgeordneten werden für vier Jahre gewählt (Wahlzeit). Unberührt bleiben die besonderen Bestimmungen für Wiederholungs- und Nachwahlen. Die Neuwahl muß vor Ablauf der Wahlzeit stattfinden.

§ 26a Fraktionen

(1) Kreistagsabgeordnete können sich zu einer Fraktion zusammenschließen. Eine Fraktion kann Kreistagsabgeordnete, die keiner Fraktion angehören, als Hospitanten aufnehmen. Das Nähere über die Bildung einer Fraktion, die Fraktionsstärke, ihre Rechte und Pflichten innerhalb des Kreistags sind in der Geschäftsordnung zu regeln. Parteien oder Wählergruppen, die durch Wahlen im Kreistag vertreten sind, erhalten Fraktionsstatus.

(2) Die Bildung einer Fraktion, ihre Bezeichnung, die Namen der Mitglieder und Hospitanten sowie des Vorsitzenden und seiner Stellvertreter sind dem Vorsitzenden des Kreistags und dem Kreisausschuß mitzuteilen.

§ 27 Hinderungsgründe

Kreistagsabgeordnete können nicht sein:

1. hauptamtliche Beamte und haupt- und nebenberufliche Angestellte
   a) des Landkreises,
   b) einer Körperschaft, Anstalt oder Stiftung des öffentlichen Rechts, an der der Landkreis maßgeblich beteiligt ist,
   c) des Landes, die beim Landrat als Behörde der Landesverwaltung beschäftigt sind oder unmittelbar Aufgaben der Staatsaufsicht (Kommunal- und Fachaufsicht) über den Landkreis wahrnehmen,
2. leitende Angestellte einer Gesellschaft oder einer Stiftung des bürgerlichen Rechts, an der der Landkreis maßgeblich beteiligt ist.

§ 28 Unabhängigkeit

(1) Die Kreistagsabgeordneten üben ihre Tätigkeit nach ihrer freien, nur durch Rücksicht auf das Gemeinwohl bestimmten Überzeugung aus und sind an Aufträge und Wünsche der Wähler nicht gebunden.

(2) Kreistagsabgeordnete sind ehrenamtlich Tätige im Sinne des § 18 Abs. 1 Satz 1 mit der Maßgabe, daß die §§ 24 bis 27 der Hessischen Gemeindeordnung entsprechend gelten. Verwaltungsbehörde im Sinne des § 36 Abs. 1 Nr. 1 des Gesetzes über Ordnungswidrigkeiten ist die Aufsichtsbehörde.

§ 28a Sicherung der Mandatsausübung

(1) Niemand darf gehindert werden, sich um ein Mandat als Kreistagsabgeordneter zu bewerben, es anzunehmen oder auszuüben. Benachteiligungen am Arbeitsplatz im Zusammenhang mit der Bewerbung um ein Mandat, der Annahme und Ausübung eines Mandats sind unzulässig. Entgegenstehende Vereinbarungen sind nichtig. Die Bestimmungen der Abs. 2 bis 5 gelten nur für außerhalb des öffentlichen Dienstes beschäftigte Kreistagsabgeordnete.

(2) Die Arbeitsverhältnisse von Kreistagsabgeordneten können vom Arbeitgeber nur aus wichtigem Grund gekündigt werden. Der Kündigungsschutz beginnt mit der Aufstellung des Bewerbers durch das dafür zuständige Gremium. Er gilt ein Jahr nach Beendigung des Mandats fort. Gehörte der Kreistagsabgeordnete weniger als ein Jahr dem Kreistag an, besteht Kündigungsschutz für sechs Monate nach Beendigung des Mandats.

(3) Der Kreistagsabgeordnete ist auf dem bisherigen Arbeitsplatz zu belassen. Die Umsetzung auf einen anderen gleichwertigen Arbeitsplatz oder an einen anderen Beschäftigungsort ist nur zulässig, wenn der Kreistagsabgeordnete zustimmt oder dem Arbeitgeber eine Belassung auf dem bisherigen Arbeitsplatz oder an dem bisherigen Beschäftigungsort bei Abwägung aller Umstände nicht zugemutet werden kann. Die niedrigere Eingruppierung des Kreistagsabgeordneten auf dem bisherigen oder zukünftigen Arbeitsplatz nach Satz 2 ist ausgeschlossen. Abs. 2 Satz 2 gilt entsprechend.

(4) Dem Kreistagsabgeordneten ist die für die Mandatsausübung erforderliche Freistellung von der Arbeit zu gewähren. Die Entschädigung des Verdienstausfalls richtet sich nach § 18 Abs. 1 Satz 1.

(5) Dem Kreistagsabgeordneten ist unabhängig von der Freistellung jährlich bis zu zwei Wochen Urlaub für die Teilnahme an Fortbildungsveranstaltungen im Zusammenhang mit dem Mandat zu gewähren.

§ 29 Aufgaben des Kreistags

(1) Der Kreistag beschließt über die Angelegenheiten des Landkreises, soweit sich aus diesem Gesetz nichts anderes ergibt. Er kann die Beschlußfassung über bestimmte Angelegenheiten oder bestimmte Arten von Angelegenheiten auf den Kreisausschuß oder einen Ausschuß (§ 33) übertragen. Dies gilt jedoch nicht für die in § 30 aufgeführten Angelegenheiten. Der Kreistag kann Angelegenheiten, deren Beschlußfassung er auf andere Kreisorgane übertragen hat, jederzeit an sich ziehen.

(2) Der Kreistag überwacht die gesamte Verwaltung des Landkreises und die Geschäftsführung des Kreisausschusses, insbesondere die Verwendung der Kreiseinnahmen. Er kann zu diesem Zweck in bestimmten Angelegenheiten vom Kreisausschuß in dessen Amtsräumen Einsicht in die Akten durch einen von ihm gebildeten oder bestimmten Ausschuß fordern. Kreistagsabgeordnete, die von der Beratung oder Entscheidung einer Angelegenheit ausgeschlossen sind (§ 18 Abs. 1), haben kein Akteneinsichtsrecht. Die Überwachung erfolgt unbeschadet von Satz 2 durch die Ausübung des Fragerechts zu den Tagesordnungspunkten in den Sitzungen des Kreistags, durch schriftliche Anfragen und auf Grund eines Beschlusses des Kreistags durch Übersendung von Ergebnisniederschriften der Sitzungen des Kreisausschusses an den Vorsitzenden des Kreistags und die Vorsitzenden der Fraktionen.

(3) Der Kreisausschuß hat den Kreistag über die wichtigen Verwaltungsangelegenheiten laufend zu unterrichten und ihm wichtige Anordnungen der Aufsichtsbehörde sowie alle Anordnungen, bei denen die Aufsichtsbehörde dies ausdrücklich bestimmt hat, mitzuteilen.

§ 30 Ausschließliche Zuständigkeiten

Die Entscheidung über folgende Angelegenheiten kann der Kreistag nicht übertragen:

1. die allgemeinen Grundsätze, nach denen die Verwaltung geführt werden soll,
2. die auf Grund der Gesetze von dem Kreistag vorzunehmenden Wahlen,
3. die Änderung der Kreisgrenzen,

4. die Aufstellung von allgemeinen Grundsätzen für die Anstellung, Beförderung, Entlassung und Besoldung der Beamten, Angestellten und Arbeiter des Landkreises im Rahmen des allgemeinen Beamten- und Arbeitsrechts,
5. den Erlaß, die Änderung und Aufhebung von Satzungen,
6. die Festsetzung des Investitionsprogramms und den Erlaß der Haushaltssatzung,
7. die Zustimmung zu überplanmäßigen und außerplanmäßigen Ausgaben,
8. die Beratung der Jahresrechnung und die Entlastung des Kreisausschusses,
9. die Festsetzung öffentlicher Abgaben und privatrechtlicher Entgelte, die für größere Teile der Kreisbevölkerung von Bedeutung sind,
10. die Errichtung, Erweiterung, Übernahme und Veräußerung von öffentlichen Einrichtungen und wirtschaftlichen Unternehmen sowie die Beteiligung an diesen,
11. die Umwandlung der Rechtsform von Eigenbetrieben oder wirtschaftlichen Unternehmen, an denen der Landkreis beteiligt ist,
12. die Aufnahme von Krediten, die Übernahme von Bürgschaften, den Abschluß von Gewährverträgen und die Bestellung anderer Sicherheiten für Dritte sowie solche Rechtsgeschäfte, die den vorgenannten wirtschaftlich gleichkommen,
13. die Zustimmung zur Bestellung des Leiters des Rechnungsprüfungsamts sowie die Erweiterung der Aufgaben des Rechnungsprüfungsamts über die in § 131 der Hessischen Gemeindeordnung genannten hinaus,
14. die Genehmigung der Verträge von Mitgliedern des Kreisausschusses und von Kreistagsabgeordneten mit dem Landkreis im Falle des § 50 Abs. 2,
15. die Führung eines Rechtsstreits von größerer Bedeutung und den Abschluß von Vergleichen, soweit es sich nicht um Geschäfte der laufenden Verwaltung handelt,
16. die Übernahme neuer Aufgaben, für die keine gesetzliche Verpflichtung besteht, insbesondere im Falle des § 19.

§ 31 Vorsitzender

(1) Der Kreistag wählt in der ersten Sitzung nach der Wahl aus seiner Mitte einen Vorsitzenden und einen oder mehrere Vertreter. Die Zahl der Vertreter bestimmt die Hauptsatzung. Bis zur Wahl des Vorsitzenden führt das an Jahren älteste Mitglied des Kreistags den Vorsitz.

(2) Das Amt des Vorsitzenden endet, wenn es der Kreistag mit einer Mehrheit von mindestens zwei Dritteln der gesetzlichen Zahl der Kreistagsabgeordneten beschließt. Das gleiche gilt für seine Vertreter.

§ 32 Einberufung, Verfahren

Der Kreistag tritt zum erstenmal binnen zwei Monaten nach der Wahl, im übrigen so oft zusammen, wie es die Geschäfte erfordern, jedoch mindestens viermal im Jahr. Im übrigen gelten für sein Verfahren die Vorschriften der §§ 52 bis 55, 56 Abs. 1 Satz 2 und Abs. 2, §§ 58 bis 61 der Hessischen Gemeindeordnung entsprechend. Die Ladungsfrist beträgt jedoch zwei Wochen; der Vorsitzende kann sie in eiligen Fällen bis auf drei Tage abkürzen.

§ 33 Ausschüsse

(1) Der Kreistag kann zur Vorbereitung seiner Beschlüsse Ausschüsse aus seiner Mitte bilden und Aufgaben, Mitgliederzahl und Besetzung der Ausschüsse bestimmen. Ein Finanzausschuß ist zu bilden. Der Kreistag kann unbeschadet des § 30 bestimmte Angelegenheiten oder bestimmte Arten von Angelegenheiten den Ausschüssen widerruflich zur endgültigen Beschlußfassung übertragen. Die Ausschüsse haben über ihre Tätigkeit im Kreistag Bericht zu erstatten. Der Kreistag kann jederzeit Ausschüsse auflösen und neu bilden.

(2) Die Vorschriften des § 62 Abs. 2 bis 6 der Hessischen Gemeindeordnung gelten entsprechend.

§ 34 Beanstandung der Beschlüsse des Kreistags

(1) Der Kreisausschuß hat einem Beschluß des Kreistags innerhalb eines Monats zu widersprechen, wenn der Beschluß das Recht verletzt oder das Wohl des Landkreises gefährdet. Der Widerspruch hat aufschiebende Wirkung; über die strittige Angelegenheit ist in einer neuen Sitzung des Kreistags, die mindestens drei Tage nach der ersten liegen muß, nochmals zu beschließen.

(2) Verletzt auch der neue Beschluß das Recht, hat der Kreisausschuß ihn innerhalb eines Monats zu beanstanden; die Beanstandung ist schriftlich zu begründen. Sie hat aufschiebende Wirkung. Für das weitere Verfahren gelten die Vorschriften der Verwaltungsgerichtsordnung mit der Maßgabe, daß ein Vorverfahren nicht stattfindet; im verwaltungsgerichtlichen Verfahren haben der Kreistag und der Kreisausschuß die Stellung von Verfahrensbeteiligten.

(3) Der Kreisausschuß hat, wenn der Beschluß eines Ausschusses im Falle des § 33 Abs. 1 Satz 3 das Recht verletzt oder das Wohl des Landkreises gefährdet, innerhalb eines Monats den Kreistag anzurufen.

§ 35 (weggefallen)

ZWEITER TITEL: Kreisausschuß

§ 36 Zusammensetzung

(1) Der Kreisausschuß besteht aus dem Landrat als Vorsitzenden, dem Ersten und weiteren ehrenamtlichen Kreisbeigeordneten. Die Hauptsatzung kann jedoch bestimmen, daß die Stellen von Kreisbeigeordneten hauptamtlich zu verwalten sind, und zwar in Landkreisen mit nicht mehr als 120 000 Einwohnern die Stelle des Ersten Kreisbeigeordneten und in Landkreisen mit mehr als 120 000 Einwohnern die Stelle des Ersten Kreisbeigeordneten und die eines weiteren Kreisbeigeordneten. Die Zahl der hauptamtlichen Beigeordneten darf die der ehrenamtlichen nicht übersteigen. Eine Herabsetzung der Zahl der ehrenamtlichen Kreisbeigeordnetenstellen während der Wahlzeit ist nicht zulässig.

(2) Die Mitglieder des Kreisausschusses dürfen nicht gleichzeitig Kreistagsabgeordnete sein; das gilt nicht für Kreisbeigeordnete, die gemäß § 37 Abs. 5 die Amtsgeschäfte weiterführen.

§ 37 Wahl und Amtszeit

(1) Der Landrat und die Kreisbeigeordneten werden von dem Kreistag gewählt. Für die Wahl gilt § 55 der Hessischen Gemeindeordnung entsprechend.

(2) Die Amtszeit des Landrats und der hauptamtlichen Kreisbeigeordneten beträgt sechs Jahre.

(3) Die ehrenamtlichen Kreisbeigeordneten werden für die Wahlzeit des Kreistags gewählt. Sie scheiden vorzeitig aus, wenn sie zur Erfüllung ihrer Dienstpflichten dauernd unfähig werden. Der Kreistag stellt das Ausscheiden fest.

(4) Für ehrenamtliche Kreisbeigeordnete gilt § 28a entsprechend.

(5) Die Bestimmungen der Hessischen Gemeindeordnung über die Wiederwahl (§ 40) und die Weiterführung der Amtsgeschäfte nach Ablauf der Amtszeit (§ 41) gelten entsprechend.

§ 38 Vorbereitung der Wahl des Landrats und der hauptamtlichen Kreisbeigeordneten

(1) Die Stellen des Landrats und der hauptamtlichen Kreisbeigeordneten sind öffentlich auszuschreiben. Die Aufsichtsbehörde ist hiervon zu unterrichten. Zum Landrat oder hauptamtlichen Kreisbeigeordneten kann nur gewählt werden, wer sich auf die Ausschreibung hin beworben hat.

(2) Die Wahlen des Landrats und der hauptamtlichen Kreisbeigeordneten werden durch einen Ausschuß des Kreistags vorbereitet. Die Sitzungen dieses Ausschusses sind nicht öffentlich; der Vorsitzende des Kreistags, seine Stellvertreter, sonstige Kreistagsabgeordnete – mit Ausnahme der Minderheitenvertreter im Sinne des § 62 Abs. 4 Satz 2 der Hessischen Gemeindeordnung – und der Kreisausschuß können nicht an den Ausschußsitzungen teilnehmen; über das Ergebnis der Sitzungen dürfen nur an die Mitglieder des Kreistags und des Kreisausschusses Auskünfte erteilt werden. Der Ausschuß hat im Benehmen mit der Aufsichtsbehörde die Bewerbungen zu sichten und über das Ergebnis seiner Arbeit in einer öffentlichen Sitzung des Kreistags zu berichten.

(3) Die Wahl des Landrats und der hauptamtlichen Kreisbeigeordneten soll rechtzeitig vor Ablauf der Amtszeit stattfinden; § 40 Abs. 1 Satz 1 der Hessischen Gemeindeordnung gilt entsprechend.

(4) Die Vorschriften der Abs. 1 bis 3 gelten nicht für die Wiederwahl (§ 37 Abs. 5).

§ 39 Voraussetzungen der Wählbarkeit, Ausschließungsgründe

(1) Zum Landrat oder hauptamtlichen Kreisbeigeordneten soll nur gewählt werden, wer die für das Amt erforderliche Eignung besitzt.

(2) Für die Wählbarkeit als ehrenamtlicher Kreisbeigeordneter oder zu einem anderen Ehrenamt gilt die Vorschrift des § 23 entsprechend.

(3) Ehrenamtlicher Kreisbeigeordneter kann nicht sein:

1. wer gegen Entgelt im Dienst des Landkreises steht,
2. wer gegen Entgelt im Dienst einer Körperschaft, Anstalt, Stiftung oder Gesellschaft steht, an der der Landkreis maßgeblich beteiligt ist,
3. wer als hauptamtlicher Beamter oder als haupt- oder nebenberuflicher Angestellter des Landes beim Landrat als Behörde der Landesverwaltung beschäftigt ist oder unmittelbar Aufgaben der Staatsaufsicht (Kommunal- und Fachaufsicht) über den Landkreis wahrnimmt,
4. wer Bürgermeister oder Beigeordneter einer Gemeinde des Landkreises ist.

(4) Die Vorschrift des § 43 Abs. 2 der Hessischen Gemeindeordnung gilt entsprechend.

§ 40 Einführung und Verpflichtung der Mitglieder des Kreisausschusses

(1) Der Landrat und die Kreisbeigeordneten werden spätestens sechs Monate nach ihrer Wahl von dem Vorsitzenden des Kreistags in öffentlicher Sitzung in ihr Amt eingeführt und durch Handschlag auf die gewissenhafte Erfüllung ihrer Aufgaben verpflichtet.

(2) Die Vorschriften des § 46 Abs. 2 und 3 der Hessischen Gemeindeordnung gelten entsprechend.

§ 41 Aufgaben des Kreisausschusses

Der Kreisausschuß ist die Verwaltungsbehörde des Landkreises. Er besorgt nach den Beschlüssen des Kreistags im Rahmen der bereitgestellten Mittel die laufende Verwaltung des Landkreises. Er hat insbesondere

1. die Gesetze und Verordnungen sowie die im Rahmen der Gesetze erlassenen Weisungen der Aufsichtsbehörde auszuführen,
2. die Beschlüsse des Kreistags vorzubereiten und auszuführen,
3. die ihm nach diesem Gesetz obliegenden und die ihm vom Kreistag allgemein oder im Einzelfall zugewiesenen Kreisangelegenheiten zu erledigen,

4. die öffentlichen Einrichtungen und wirtschaftlichen Betriebe des Landkreises und das sonstige Kreisvermögen zu verwalten,
5. die Kreisabgaben nach den Gesetzen und nach den Beschlüssen des Kreistags auf die Verpflichteten zu verteilen und ihre Beitreibung zu bewirken sowie die Einkünfte des Landkreises einzuziehen,
6. den Haushaltsplan und das Investitionsprogramm aufzustellen, das Kassen- und Rechnungswesen zu überwachen,
7. den Landkreis zu vertreten, den Schriftwechsel zu führen und die Kreisurkunden zu vollziehen.

§ 42 Verfahren des Kreisausschusses

Für das Verfahren des Kreisausschusses gelten die Bestimmungen der §§ 67 bis 69 der Hessischen Gemeindeordnung entsprechend.

§ 43 Kommissionen

(1) Der Kreisausschuß kann zur dauernden Verwaltung oder Beaufsichtigung einzelner Geschäftsbereiche sowie zur Erledigung vorübergehender Aufträge Kommissionen bilden, die ihm unterstehen.

(2) Die Vorschriften des § 72 Abs. 2 bis 4 der Hessischen Gemeindeordnung gelten entsprechend.

§ 44 Aufgaben und Vertretung des Landrats

(1) Der Landrat bereitet die Beschlüsse des Kreisausschusses vor und führt sie aus, soweit nicht Kreisbeigeordnete mit der Ausführung beauftragt sind. Er leitet und beaufsichtigt den Geschäftsgang der gesamten Verwaltung und sorgt für den geregelten Ablauf der Verwaltungsgeschäfte. Er verteilt die Geschäfte unter die Mitglieder des Kreisausschusses; ausgenommen sind die Arbeitsgebiete, für welche hauptamtliche Kreisbeigeordnete vom Kreistag besonders gewählt sind.

(2) Soweit nicht auf Grund gesetzlicher Vorschrift oder Weisung des Landrats oder wegen der Bedeutung der Sache der Kreisausschuß im ganzen zur Entscheidung berufen ist, werden die laufenden Verwaltungsangelegenheiten von dem Landrat und den zuständigen Kreisbeigeordneten erledigt.

(3) Der Landrat kann in dringenden Fällen, wenn die vorherige Entscheidung des Kreisausschusses nicht eingeholt werden kann, die erforderlichen Maßnahmen von sich aus anordnen. Er hat unverzüglich dem Kreisausschuß hierüber zu berichten.

(4) Der Erste Kreisbeigeordnete ist der allgemeine Vertreter des Landrats; er soll als allgemeiner Vertreter nur tätig werden, wenn der Landrat verhindert ist. Die übrigen Kreisbeigeordneten sind zur allgemeinen Vertretung des Landrats nur berufen, wenn der Erste Kreisbeigeordnete verhindert ist. Die Reihenfolge bestimmt der Kreisausschuß. Bei längerer Verhinderung des Landrats kann mit Zustimmung des Kreistags von der Aufsichtsbehörde ein besonderer Vertreter für den Landrat bestellt werden.

§ 45 Vertretung des Landkreises

(1) Der Kreisausschuß vertritt den Landkreis. Erklärungen des Landkreises werden in seinem Namen durch den Landrat oder dessen allgemeinen Vertreter, innerhalb der einzelnen Arbeitsgebiete durch die dafür eingesetzten Kreisbeigeordneten abgegeben. Der Kreisausschuß kann auch andere Kreisbedienstete mit der Abgabe von Erklärungen beauftragen.

(2) Erklärungen, durch die der Landkreis verpflichtet werden soll, bedürfen der Schriftform. Sie sind nur rechtsverbindlich, wenn sie vom Landrat oder seinem allgemeinen Vertreter sowie von einem weiteren Mitglied des Kreisausschusses handschriftlich unterzeichnet und mit dem Dienstsiegel versehen sind. Dies gilt nicht für Geschäfte der laufenden Verwaltung, die für den Landkreis von nicht erheblicher Bedeutung sind, sowie für Erklärungen, die ein für das Geschäft oder für den Kreis von Geschäften ausdrücklich Beauftragter abgibt, wenn die Vollmacht in der Form nach Satz 1 und 2 erteilt ist.

(3) Bei der Vollziehung von Erklärungen sollen Mitglieder des Kreisausschusses ihre Amtsbezeichnung, die übrigen mit der Abgabe von Erklärungen beauftragten Kreisbediensteten einen das Auftragsverhältnis kennzeichnenden Zusatz beifügen.

§ 46 Personalangelegenheiten

(1) Der Kreisausschuß stellt die Kreisbediensteten an, er befördert und entläßt sie. Der Stellenplan und die von dem Kreistag gegebenen Richt-

linien sind dabei einzuhalten; Abweichungen sind nur zulässig, soweit sie auf Grund des Besoldungs- oder Tarifrechts zwingend erforderlich sind.

(2) Der Landrat ist Dienstvorgesetzter aller Beamten, Angestellten und Arbeiter des Landkreises mit Ausnahme der Kreisbeigeordneten. Durch Verordnung der Landesregierung wird bestimmt, wer die Obliegenheiten des Dienstvorgesetzten gegenüber dem Landrat und den Kreisbeigeordneten wahrnimmt, wer oberste Dienstbehörde und wer Einleitungsbehörde im Sinne des Disziplinarrechts für Kreisbedienstete ist.

§ 47 Beanstandung

(1) Der Landrat hat einem Beschluß des Kreisausschusses innerhalb eines Monats zu widersprechen, wenn der Beschluß das Recht verletzt oder das Wohl des Landkreises gefährdet. Der Widerspruch hat aufschiebende Wirkung; über die strittige Angelegenheit ist in einer neuen Sitzung des Kreisausschusses nochmals zu beschließen. Findet die Angelegenheit auf diese Weise nicht ihre Erledigung, so kann der Landrat innerhalb eines Monats die Entscheidung des Kreistags anrufen.

(2) Unterläßt es der Kreisausschuß, einem Beschluß des Kreistags gemäß § 34 zu widersprechen oder ihn zu beanstanden, so hat der Landrat dies innerhalb eines Monats nach Ablauf der Frist des Abs. 1 Satz 1 oder des Abs. 2 Satz 1 dieser Vorschrift zu tun. § 34 findet mit der Maßgabe Anwendung, daß anstelle des Kreisausschusses der Landrat am verwaltungsgerichtlichen Verfahren beteiligt ist.

§ 48 Erzwingung eines Disziplinarverfahrens durch den Kreistag

(1) Verletzt ein Landrat oder Kreisbeigeordneter seine Amtspflicht gröblich, so kann der Kreistag bei der Einleitungsbehörde die Einleitung eines förmlichen Disziplinarverfahrens beantragen. Der Beschluß bedarf der Mehrheit der gesetzlichen Zahl der Kreistagsabgeordneten.

(2) Lehnt die Einleitungsbehörde den Antrag ab, so kann der Kreistag binnen einem Monat die Disziplinarkammer anrufen; der Beschluß bedarf der Mehrheit der gesetzlichen Zahl der Kreistagsabgeordneten. Die Disziplinarkammer darf dem Antrag nur stattgeben, wenn das Disziplinarverfahren voraussichtlich zur Entfernung aus dem Dienst führen wird.

(3) Gibt die Disziplinarkammer dem Antrag statt, so bewirkt ihre Entscheidung die Einleitung eines förmlichen Disziplinarverfahrens. Sie ent-

scheidet zugleich über die vorläufige Dienstenthebung und über die Einbehaltung von Dienstbezügen.

§ 49 Abberufung

(1) Landräte und hauptamtliche Kreisbeigeordnete können vom Kreistag vorzeitig abberufen werden. Der Antrag auf vorzeitige Abberufung kann nur von mindestens der Hälfte der gesetzlichen Zahl der Kreistagsabgeordneten gestellt werden. Der Beschluß bedarf einer Mehrheit von zwei Dritteln der gesetzlichen Zahl der Kreistagsabgeordneten. Über die Abberufung ist zweimal zu beraten und abzustimmen. Die zweite Beratung darf frühestens vier Wochen nach der ersten erfolgen. Eine Abkürzung der Ladungsfrist ist nicht statthaft.

(2) Landräte und hauptamtliche Kreisbeigeordnete können innerhalb von sechs Monaten nach Beginn der Wahlzeit des Kreistags mit der Mehrheit der gesetzlichen Zahl seiner Mitglieder vorzeitig abberufen werden. Abs. 1 Satz 4 bis 6 findet Anwendung.

(3) Der Landrat oder Kreisbeigeordnete scheidet mit dem Ablauf des Tages, an dem die Abberufung zum zweiten Mal beschlossen wird, aus seinem Amt. Er erhält bis zum Ablauf seiner Amtszeit die Bezüge wie ein in den einstweiligen Ruhestand versetzter Beamter.

§ 50 Ansprüche gegen Mitglieder des Kreisausschusses, Verträge mit ihnen und den Kreistagsabgeordneten

(1) Ansprüche des Landkreises gegen Landräte und Kreisbeigeordnete werden vom Kreistag geltend gemacht.

(2) Verträge des Landkreises mit Mitgliedern des Kreisausschusses und mit Kreistagsabgeordneten bedürfen der Genehmigung des Kreistags, es sei denn, daß es sich um Verträge nach feststehendem Tarif oder um Geschäfte der laufenden Verwaltung handelt, die für den Landkreis unerheblich sind.

DRITTER TITEL: Kreisbedienstete

§ 51 Rechtsverhältnisse der Kreisbediensteten

Die Rechte und Pflichten des Landrats und der anderen Bediensteten des Landkreises bestimmen sich, soweit dieses Gesetz nichts anderes besagt, nach den allgemeinen Vorschriften für den öffentlichen Dienst. Die Besoldung der Kreisbeamten soll derjenigen der vergleichbaren Staatsbeamten entsprechen; die nähere Regelung bleibt einem besonderen Gesetz vorbehalten.

SIEBENTER ABSCHNITT: Kreiswirtschaft

§ 52 Wirtschaftsführung

(1) Für die Wirtschaftsführung des Landkreises gelten die Bestimmungen des Sechsten Teils der Hessischen Gemeindeordnung und der dazu erlassenen Übergangs- und Durchführungsbestimmungen mit Ausnahme des § 93 Abs. 2 Nr. 2 und der §§ 119 und 129 der Hessischen Gemeindeordnung entsprechend. Der Minister des Innern und der Minister der Finanzen können durch Verordnung Erleichterungen von diesen Bestimmungen für die Landkreise zulassen.

(2) Jeder Landkreis hat ein Rechnungsprüfungsamt einzurichten.

§ 53 Abgaben und Kreisumlage

(1) Der Landkreis kann Abgaben von den Kreisangehörigen nur erheben, soweit dies gesetzlich vorgesehen ist.

(2) Der Landkreis kann, soweit seine sonstigen Einnahmen nicht ausreichen, um seinen Bedarf zu decken, nach den hierfür geltenden Vorschriften eine Umlage von den kreisangehörigen Gemeinden und den gemeindefreien Grundstücken erheben (Kreisumlage). Die Kreisumlage ist in der Haushaltssatzung für jedes Rechnungsjahr neu festzusetzen.

(3) Sofern Einrichtungen des Landkreises einzelnen kreisangehörigen Gemeinden in besonders hervorragendem oder in besonders geringem Maße zugute kommen oder ein Zusammenschluß von kommunalen Gebietskörperschaften Aufgaben des Landkreises für den Bereich einzelner kreisangehöriger Gemeinden übernimmt, soll für diese Gemeinde eine entsprechende Mehr- oder Minderbelastung festgesetzt werden. In gleicher Weise soll bei der Verteilung der Kreisumlage die außergewöhnliche Belastung berücksichtigt werden, die einzelnen kreisangehörigen Gemeinden daraus erwächst, daß sie Einrichtungen unterhalten, die der Versorgung und Betreuung der Bevölkerung des ganzen Landkreises oder eines größeren Teils des Landkreises dienen.

ACHTER ABSCHNITT: Aufsicht

§ 54 Aufsicht

(1) Für die Aufsicht des Staates über die Landkreise gelten die Bestimmungen des Siebenten Teils der Hessischen Gemeindeordnung entsprechend.

(2) Aufsichtsbehörde der Landkreise ist der Regierungspräsident, obere Aufsichtsbehörde der Minister des Innern. Der Minister des Innern kann seine Befugnisse als obere Aufsichtsbehörde auf den Regierungspräsidenten übertragen. Die der obersten Aufsichtsbehörde in den Gesetzen übertragenen Befugnisse nimmt der Minister des Innern wahr.

ZWEITER TEIL: Landesverwaltung im Landkreis

§ 55 Aufgaben und Stellung des Landrats als Behörde der Landesverwaltung

(1) Der Landrat hat als Behörde der Landesverwaltung darauf hinzuwirken, daß die im Landkreis tätigen Verwaltungsbehörden in einer dem Gemeinwohl dienlichen Weise zusammenarbeiten. Die anderen Behörden im Landkreis sollen mit ihm Fühlung halten.

(2) Der Landrat nimmt als Behörde der Landesverwaltung nach Maßgabe der einschlägigen Bestimmungen die Aufsicht über die kreisangehörigen Gemeinden und, soweit nicht etwas andere bestimmt ist, die Aufgaben des Staatlichen Veterinäramts, die Aufgaben der unteren Kataster- und Landesvermessungsbehörde (Katasteramt), die Aufgaben des Staatlichen Schulamts sowie weitere Aufgaben wahr, die ihm als Behörde der Landesverwaltung übertragen werden.

(3) Der Landrat hat als Behörde der Landesverwaltung bei der Wahrnehmung seiner Aufgaben die Grundsätze und Richtlinien der Landesregierung zu beachten. Er hat über alle Vorgänge zu berichten, die für die Landesregierung von Bedeutung sind. Zu diesem Zwecke kann er sich bei den anderen Verwaltungsbehörden in geeigneter Weise unterrichten; diese sind, soweit nicht gesetzliche Vorschriften entgegenstehen, zur Auskunft verpflichtet.

(4) Der Landrat soll als Behörde der Landesverwaltung den Kreisausschuß in Angelegenheiten von besonderer Bedeutung unterrichten und

ihn vor wichtigen Entscheidungen bei der Aufsicht über die kreisangehörigen Gemeinden hören.

(5) Der Landrat hat die Bürgermeister der kreisangehörigen Gemeinden zu Dienstversammlungen zusammenzurufen. Die Bürgermeister haben an diesen Versammlungen teilzunehmen.

(6) Der Landrat untersteht als Behörde der Landesverwaltung der jeweils zuständigen Behörde in der Mittelstufe der Landesverwaltung. Er wird im Falle der Verhinderung von dem Ersten Kreisbeigeordneten vertreten. Die zuständigen Behörden in der Mittelstufe der Landesverwaltung können, wenn dies aus besonderem Grund erforderlich ist, gemeinsam eine andere Regelung treffen. Der Landrat kann mit Zustimmung der jeweils zuständigen Aufsichtsbehörde einen hauptamtlichen Kreisbeigeordneten für bestimmte Aufgaben zu seinem ständigen Vertreter bestellen. In diesen Angelegenheiten wird er auch bei Anwesenheit des Landrats an dessen Stelle tätig, soweit sich der Landrat nicht vorbehält, selbst tätig zu werden. Der hauptamtliche Kreisbeigeordnete ist ihm für die ordnungsgemäße Wahrnehmung der Aufgaben verantwortlich.

(7) Die jeweils zuständigen Aufsichtsbehörden können, wenn es den Umständen nach erforderlich ist, die Befugnisse des Landrats als Behörde der Landesverwaltung ausüben, soweit nicht etwas anderes bestimmt ist.

§ 56 Hilfskräfte, Bereitstellung von Einrichtungen

(1) Für die Wahrnehmung der Aufgaben, die dem Landrat als Behörde der Landesverwaltung obliegen, hat ihm das Land die erforderlichen Kräfte beizugeben. Der Minister des Innern und der Minister der Finanzen können durch Verordnung bestimmen, daß der Landrat zur Erfüllung dieser Aufgaben Bedienstete des Landkreises heranziehen kann. Die dem Landrat zugeteilten Landesbediensteten können mit Zustimmung der Behörde, die die Dienstaufsicht führt, und des Kreisausschusses auch in der Verwaltung des Landkreises beschäftigt werden. Kreisbedienstete können mit Zustimmung des Kreisausschusses und der Landesbehörde, die im jeweiligen Aufgabenbereich die Dienstaufsicht führt, auch beim Landrat als Behörde der Landesverwaltung beschäftigt werden.

(2) Der Minister des Innern und der Minister der Finanzen bestimmen durch Verordnung, in welchem Umfang die Landkreise für die Erfüllung der Aufgaben der Landesverwaltung Einrichtungen bereitzustellen haben.

§ 57 Kostenerstattung

Für die Amtstätigkeit, die der Landrat als Behörde der Landesverwaltung ausübt, wird eine Entschädigung an den Landkreis nicht gewährt. Entsprechendes gilt für die Amtstätigkeit, die Landesbedienstete aus dem Geschäftsbereich des Ministers des Innern nach § 56 Abs. 1 Satz 3 innerhalb der Verwaltung des Landkreises ausüben. Inwieweit dem Landkreis die Kosten für die Amtstätigkeit der Bediensteten des Landkreises innerhalb der Behörde der Landesverwaltung und die Kosten für die Bereitstellung von Einrichtungen zu erstatten sind, wird durch Gesetz geregelt.

DRITTER TEIL: Übergangs- und Schlußvorschriften

§ 58 Maßgebliche Einwohnerzahl

In den Fällen des § 25 ist maßgebend die Einwohnerzahl, die für den letzten Termin vor Beginn der Wahlzeit (§ 26), im übrigen die Einwohnerzahl, die für den letzten Termin vor Beginn des jeweiligen Haushaltsjahres vom Hessischen Statistischen Landesamt festgestellt und veröffentlicht worden ist. Bestehen Zweifel an der Richtigkeit der Feststellung des Hessischen Statistischen Landesamts und hilft das Hessische Statistische Landesamt einem entsprechenden Antrag des Landkreises nicht ab, entscheidet der Minister des Innern.

§ 59 Übergang von Aufgaben, Wahrnehmung der Weisungsaufgaben

(1) Die Aufgaben der Landesverwaltung, die bisher vom Landrat unmittelbar oder vom Landkreis als übertragene Aufgaben wahrgenommen wurden, werden den kreisangehörigen Gemeinden mit 7 500 und mehr Einwohnern für ihr Gebiet als Weisungsaufgaben übertragen. Die Landesregierung kann bestimmte Aufgaben durch Verordnung hiervon ausschließen.

(2) Kreisangehörigen Gemeinden mit weniger als 7 500 Einwohnern können, wenn sie die hierzu erforderliche Verwaltungskraft besitzen, von der oberen Aufsichtsbehörde bestimmte oder bestimmte Gruppen der in Abs. 1 bezeichneten Aufgaben zur Wahrnehmung als Weisungsaufgaben für ihr Gebiet übertragen werden. Die Landesregierung bestimmt durch

Verordnung, welche Aufgaben hierzu geeignet sind, und regelt das Verfahren.

(3) Im übrigen werden die in Abs. 1 bezeichneten Aufgaben der Landesverwaltung als Weisungsaufgaben vom Landkreis wahrgenommen. Dies gilt nicht für die in § 55 Abs. 1 und 2 bezeichneten Aufgaben sowie für diejenigen Aufgaben, welche die Landesregierung durch Verordnung dem Landrat als Behörde der Landesverwaltung zuweist.

(4) Bis zum Erlaß neuer Vorschriften sind die den Landkreisen zur Erfüllung nach Weisung übertragenen Angelegenheiten wie bisher durchzuführen.

§§ 60, 61 (weggefallen)

§ 62 Gebühren

Die Verwaltungsgebühren, die durch Amtshandlungen von Organen des Landkreises anfallen, fließen dem Landkreis zu. Ausgenommen sind diejenigen Gebühren, die durch gesetzliche Vorschriften einem bestimmten Zweck gewidmet sind.

§§ 63, 64 (gegenstandslos)

§ 65 Übertragung von Zuständigkeiten

Die Landesregierung kann, wenn dies zur Herstellung einer lebensnahen Verwaltung zweckdienlich erscheint, durch Verordnungen Aufgaben der höheren Verwaltungsbehörde auf die Landkreise oder auf den Landrat als Behörde der Landesverwaltung übertragen.

§ 66 Überleitungs- und Durchführungsvorschriften

(1) Die Landesregierung kann Überleitungsvorschriften erlassen.

(2) Der Minister des Innern erläßt die Durchführungsvorschriften zu diesem Gesetz; soweit es sich um Vorschriften handelt, die die Wirtschaft der Landkreise betreffen, gemeinsam mit dem Minister der Finanzen.

§ 67 Inkrafttreten

(1) Dieses Gesetz tritt unbeschadet der Vorschriften in Abs. 2 bis 4 am 5. Mai 1952 in Kraft. Gleichzeitig treten alle Bestimmungen des bisheri-

gen Rechts außer Kraft, die den Vorschriften dieses Gesetzes entgegenstehen.

(2) Die Vorschriften des § 55 Abs. 2, § 59 Abs. 1 bis 3 und § 62 treten, wenn nicht die Landesregierung durch Verordnung einen früheren Termin bestimmt, am 1. April 1953 in Kraft. Bis dahin verbleibt es bei den bisherigen Bestimmungen.

(3) Die Vorschriften der §§ 21 bis 28 treten am Tage nach der Verkündung in Kraft.

(4) (gegenstandslos).

STICHWORTVERZEICHNIS

Das Stichwortverzeichnis ist auf die Paragraphen der einzelnen Gesetze abgestellt. Die Paragraphen-Zahlen mit dem Buchstaben **G** verweisen auf die „Hessische Gemeindeordnung", diejenigen mit dem Buchstaben **K** auf die „Hessische Landkreisordnung".

P

R

S

T

U

Handbuch der kommunalen Redepraxis

Ein Redekurs für kommunale Führungskräfte mit einer Anleitung für die Verhandlungs- und Diskussionsleitung, über 100 Musteransprachen zu den verschiedensten Anlässen des kommunalen Lebens und einer Zitatensammlung für die kommunale Vortragspraxis

6., überarbeitete Auflage von Dr. Hans Jung, Oberbürgermeister a. D., Lehrbeauftragter für Rhetorik an der Hochschule für Verwaltungswissenschaften in Speyer und der Universität Kaiserslautern

1981. Format 12,5 x 20,5 cm. Kartoniert. 304 Seiten.
Buch-Nr. G 0/2. ca. DM 30,–. ISBN 3 555 00459

Die haupt- und ehrenamtliche Tätigkeit auf der Gemeindeebene ist vielschichtiger und schwieriger geworden. Eine Flut von Gesetzen und Verordnungen, die Auswirkungen der kommunalen Gebietsreformen, die Auseinandersetzung mit Bürgerinitiativen und Interessengruppen und die Einbeziehung fast aller Lebensbereiche in den kommunalen Dienstleistungssektor stellen immer höhere Anforderungen in persönlicher und fachlicher Hinsicht. Um diesen Anforderungen gerecht zu werden, um sich im täglichen Plebiszit und in der Arbeit für und mit den Bürgern zu behaupten, brauchen wir mehr denn je das überzeugende und gewinnende Wort. Trotz allen technischen Fortschritts ist und bleibt die Fähigkeit, wirksam und eindrucksvoll reden zu können, gerade in der kommunalpolitischen Bewährung eine unabdingbare Voraussetzung für eine erfolgreiche Arbeit. Auch hier ist der Mißerfolg oft nichts anderes als persönliches Versagen. Das Handbuch gehört daher in die Hand all der Bürger, die in der Kommunalpolitik aktiv tätig sind und sich in der immer härter werdenden Rathausarbeit behaupten und durchsetzen müssen.